하이난 천인갱
일제강점기 하이난의 한인들

A Story of 1939 - 1945:

Hainan Thousand People Pit
Koreans in Hainan under Japanese Rule

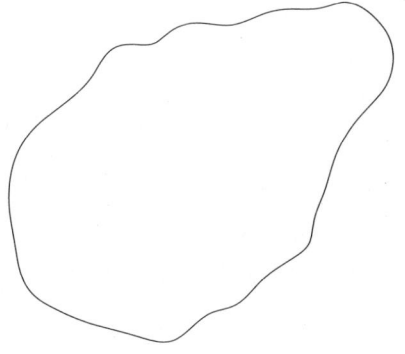

강정애

하이난 천인갱 海南千人坑
일제강점기 하이난의 한인들
A Story of 1939-1945:
Hainan Thousand People Pit
Koreans in Hainan under Japanese Rule

© 2024 *LIVINGWAVE* / ISBN: 979-11-986945-1-5 / 2024년 11월 20일 초판 1쇄 인쇄 / 발행 및 편집: *LIVINGWAVE* / 등록번호: 2024000024 / 이메일: welcomesmilework@gmail.com / 디자인: hyungman
이 책에 대한 저작권은 저자 또는 출판사에 있습니다. 수록된 내용의 일부 또는 전체를 무단으로 복제 및 발췌하는 것을 금합니다.

하이난 천인갱

Hainan Thousand People Pit

강정애
(姜貞愛, Kang Jungae)

하이난 천인갱

Hainan Thousand People Pit

2014년 필자의 산뤄촌 천인갱 첫 참배

일러두기
본 책에서는 인명과 지명 등 중국에서 사용되는 간체자를 한국 독자의 이해를 돕기 위해 번체자로 표기하였습니다. 한자 발음은 자주 쓰이는 발음으로 표기하였습니다.

해남(해남, 海南)은 독자들에게 익숙한 '하이난'으로, 천인갱(千人坑)은 한자어 그대로 '천인갱'으로 표기하였습니다.

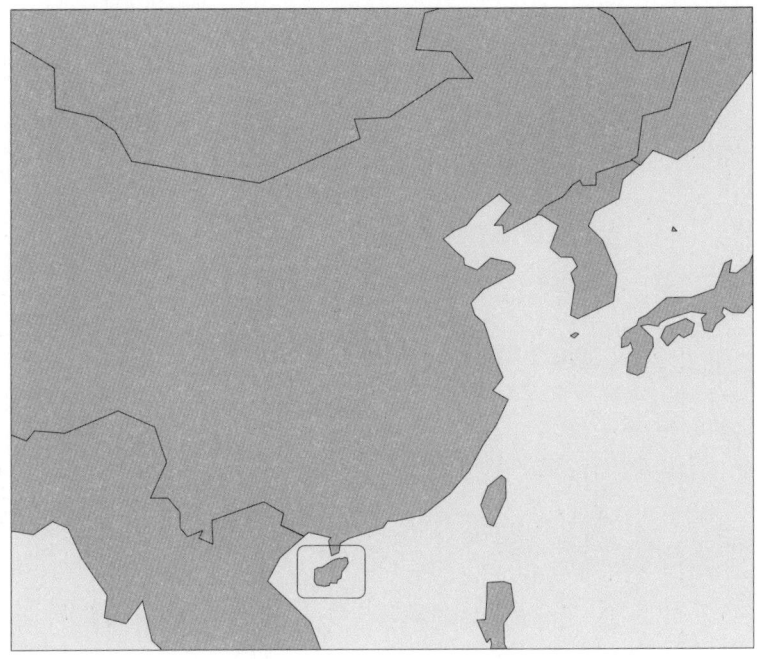

Hainan Thousand Peopel Pit
海南千人坑

Hainan Province, Sanya City
海南省三亚市

Hainan Thousand People Pit

海南千人坑 *A Story of 1939-1945*

하이난 천인갱

Hainan Thousand People Pit

海南千人坑 A Story of 1939-1945

책 소개   16
들어가는 말   20

1부. 침략과 약탈로 세운 대동아 남방기지

1. 남진의 중심   32
2. 포탄으로 점령한 하이난   38
3. 일본 치안유지회   44
4. 삼광정책(三光政策 살인·약탈·방화)   48
5. 철광 채굴   58
6. 점령지역 경제 개발   60
7. 호우스촌의 피로 쓴 역사   66
8. 먀오산촌의 참상   70
9. 스루의 참상   72
10 스루광산 노동 환경   74
11. 동팡 바쉬항만·수력발전소   80

2부. 톈두(田獨) 만인갱(萬人坑)

1. 광산 노역자들이 학대받아 죽은 장소   86
2. 인간 지옥 톈두광산   92

3부. 산뤄촌(三羅村) 천인갱(千人坑)

1. 조선인 천인갱을 폭로한 책   98
2. 남방 파견 보국대 하이난 출역   100
3. 수형자 2,300명 파견   104
4. 싼야 비행장 건설   108
5. 링수이현 군사시설   110
6. 스루(石碌)광산 철광 채굴   112
7. 스루-바쉬 구간 철도 건설   116
8. 학살 시기   122

9. 현장 감독 장달웅씨의 제보 ······ 136
10. 기슈광산의 진실을 밝히는 모임' ······ 140
11. 생존자 증언 ······ 144
12. 천인갱 묘역화 ······ 146
13. 신우농업종합개발유한공사 투자 ······ 146
14. 충북대학교 중원 문화연구소 유해 발굴 ······ 154
15. 난관에 봉착한 천인갱 기념화 ······ 156
······ 158

4부. 위안부 박래순(朴來順)

1. 링수이 위안소 ······ 166
2. 스루 위안소 ······ 172
3. 푸순에서 위안부가 되다 ······ 174
4. 하이난 위안소 ······ 178
5. 박래순이 위안부 생애를 진술하다. ······ 182

후기 ······ 186

책 소개

일제 강점기 중국 하이난(海南)에 끌려온 한인들의 이야기이다. 난딩(南丁) 산뤄촌(三羅村) 천인갱(千人坑 *천여 명을 매장한 구덩이)은 조선 수형자로 조직된 남방 보국대 중 광복 후 귀국을 할 수 없을 정도로 몸이 망가진 천여 명이 학살되어 집단 매장된 곳이다. 텐두(田獨) 만인갱(萬人坑 *만여 명을 매장한 구덩이)은 석원회사에 고용되거나 일본 사람을 따라와 광산에서 작업하던 중 노동력을 상실한 노동자들이 매 맞아 죽은 곳을 기리는 장소이다. 그리고 위안부에 종사하던 박래순이 해방 후 귀국하지 않고 하이난에 살다가 생을 마쳤다는 이야기이다.

아직 현실적으로 유해를 수습할 수 없는 천인갱, 일반인들에게 알려지지 않은 만인갱, 중국 측에서 세워준 묘비 아래 외롭게 잠든 한 위안부, 일제 강점기 아프고, 슬프고, 드러내고 싶지 않은 참혹한 우리 민족의 역사가 하이난에 있다. 과거를 직시하고 교훈 삼아 미래에는 다시 이런 역사가 발생하지 않고 이 문제에 대해 더욱 깊은 관심과 연구가 이뤄지기를 기대하면서 우리 국민에게 알려야 한다는 의무감에서 수년간 수집하고 탐방하면서 얻은 자료를 정리해서 시간순으로 1부 일본의 하이난 침략 배경, 2부 텐두 만인갱, 3부 산뤄촌 천인갱, 4부 위안부 박래순 이야기를 다루었다. 관련된 연구자료가 아주 적었다. 보고서 형태의 논문과 비공식적으로 발표된 보고서, 국내에 소개된 언론을 참고했다. 중국어 참고 문헌으로는 『鐵蹄下的腥風血雨 – 日軍侵瓊暴行實錄 *철 발굽 아래 피바람-일본군 하이난 침략 폭행 실록기』와 『海南文史(해남문사)』 등을 참고했다.

하이난섬에 '조선촌'이 있었습니다.

김 성 희 (전 광저우한국학교 교장)

눈부시게 아름다운 하이난섬 싼야에 '조선 촌'이 있었습니다. 온갖 멀미에 시달리며 이역만리 바닷길로 실려 온 낯선 땅. 말도 안 통하고 후덥지근한 타국에서 국권 없는 민족의 설움을 당하다 억울하게 죽어간 조선인들 수용소가 있었습니다. 중국 땅 하이난을 강제 점령한 일본은 태평양 전쟁을 치르던 1943년, 철광석 채굴과 군사기지 건설을 위해 조선 보국대를 보내라며 일본 내무대신과 총리대신의 결정으로 조선 땅의 수형자 2,000명을 데려왔습니다. 6개월만 가서 일하면 가석방해 준다기에 젊고 혈기 왕성한 젊은이들이 왔습니다. 경성에서는 환송회까지 해주기에 왔답니다.

하이난에 온 조선인은 캄캄하고 습기 찬 동굴을 파야 했고, 무거운 철광석 돌덩어리를 캐고 날라야 했습니다. 나무를 베어내고 흙을 퍼 나르며 남국의 뙤약볕 아래 비행장을 만들었습니다. 일은 고되고 먹을 것도 없고, 후려치는 채찍에 울부짖을 수도 없었답니다. 들어줄 '나라'도, 달래줄 '조국'도 없었으니까요. 조선인은 굶어 죽고, 돌덩이에 깔려 죽고, 일본의 채찍과 총에 맞아 죽고 …… 그 피바람을 견디고 해방 후 하이난에서 귀국한 이는 606명, 약속대로 가석방된 이가 103명이랍니다. 그럼 2,000여 명 중 1,300여 명은 어디로 갔단 말입니까? 그 철 발굽 아래에서도 생명줄 부여잡았건만, 고향에 돌아가 부모·형제 만나 자유롭게 살날을 손꼽았건만, 1945년 일본인은 패망으로 도망치듯 돌아갔고, 하이난의 조선 촌에 조선인이 사라졌습니다. 조선인 청장년은 그대로 수백 명씩을 묻어버렸답니다. 그리운 고향, 보고 싶은 부모·형제와 가족들, 그들은 어찌 눈을 감을 수 있었을까요? 그들의 영혼은 어쩌면 아직도 남중국해 허공을 떠돌고 있는 건 아닐까요? 그리고 중국의 공산화, 한반도의 분단, 죽의 장막…… 우리는 50여 년간 아무도 기억할 수도 없고, 찾아볼 수도 없었습니다. 그로부터 50여 년이 지난 1995년『鐵蹄下的腥風血雨 *철 발굽 아래 피바람』이 세상에 나왔고 그로부터 또 20여 년이 흘렀지만, 강정애 박사님의 연구는 계속되고 있습니다. 그러나 그들이 묻힌 구덩이 위엔 풀이 우거져있고, 눈을 감을 수 없었을 그들은 아직도 땅속에 엉켜있습니다. 그들의 눈을 감겨주고 억울한 원혼을 누가 달래주어야 할 때입니다.

수많은 이들의 목숨 위에 세워진 대한민국. 그들의 목숨값만큼 더 잘 살고, 더 강해져야겠기에 기억하고자 합니다. 뼈저리게 아픈 과거를 이겨내고 성장한 우리이기에 더 자랑스러운 한국인입니다. 우리의 역사를 바르게 알아내고 또 진실을 전하고자 합니다. 이 책은 억울하게 죽어간 조선 보국대 노동자들을 찾아 위로하자 합니다. 강정애 박사님의 깊은 사랑과 열정에 대해 감사드립니다.

들어가는 말

 하이난은 중국 광둥성 남쪽에 위치하며 타이완을 제외하면 중국에서 가장 큰 섬이다. 고대의 하이난은 중웬(中原)이나 옌징(燕京), 강남(江南)과 멀리 떨어져 있어서 오랑캐의 땅이라고 불리며 유배지로 손꼽던 지역이었다. 배가 아니면 왕래가 불가능한 고립된 환경, 고온 다습한 날씨, 태풍이 자주 오는 아열대 기후, 하이난 유배는 살아서 나올 수 없는 죽음을 의미하기도 했다.

 하이난은 보석처럼 빛나는 하나의 섬이다. 동양의 하와이라고도 불리며 자연 경관이 수려하여 손꼽는 관광지다. 아름다운 경관뿐 아니라 바닷속에 생장하는 희귀한 산호와 생물, 물고기 등 해양자원도 풍부하다. 육지에는 울창한 수목, 열대과일, 지하자원 등 우수한 천연자원이 해역을 포함한 하이난 면적 33,210km² 에 꼭꼭 담겨 있기 때문이다.

 이 하이난에 우리가 알지 못하는 우리만의 슬픈 이야기가 있다. 세월호의 추모곡으로 알려진 "천 개의 바람이 되어"라는 노래에 "나의 사진 앞에서 울지 마요. 나는 그곳에 없어요……" 라는 가사가 있다. 이와 정반대로 천인갱에는 "나는 여기 70여 년 땅속에 묻혀 있어요. 제발 나를 구해줘요. 이국의 어두운 땅속에서 눈도 못 감고 있어요……" 천인갱은 억울하게 죽은 사람들이 묻힌 곳이다. 농작물이 심긴 땅 아래 서슬 퍼렇게 살아 있는 영혼들이 땅속을 뚫고 올라오려고 몸부림치는 듯한, 하이난 산워촌 조선인 천인갱은 지금도 이러한 상황이 진행되고 있는 현장이다. 저자는 2005년 『해남일보(海南日報)』에서 싼야시(三亞市)에 조선인 '천인갱'이 있다는 뉴스를 접했다. 일반적인 상식으로 천 명이 한 곳에 매장되었다는 것이 믿어지지 않았다. '중국 특유의 과장법이 또 하나의 허구적인 이야기를 만드는구나'라고 여기고 넘어갔다.

그러나 곧 천인갱에 관련된 여러 뉴스들이 하나씩 눈에 들어왔다. 천인갱에 희생된 분들의 일부 후손이 70년 만에 하이난을 방문하고 유골 앞에서 제를 지내려고 했으나 일본 측 반대에 부딪혀 준비해 온 플래카드는 펼치지도 못하고 한 식당 구석에 제수 차리고 빛바랜 사진 앞에서 제를 올렸다는 기사가 있었다.

영관장교 연합회에서도 천인갱을 방문했다. 이들은 현지 주민들로부터 청취한 증언 등을 모아 『중국 해남도 조선촌 천인갱의 진실을 알린다』라는 책자를 발간하고 청와대와 국회, 정부 각처에 전달해 진상조사를 촉구하는 탄원서를 제출했다는 기사도 있었다. 이런 뉴스들을 접하고 나는 도서관에서 관련 자료를 찾아보고, 인터넷에서 천인갱 관련 자료와 국내외 보도를 모아 일지를 만들며 관심을 기울였다.

실제로 만여 명이 매장되었다는 텐두(田獨) 만인갱과 천여 명이 매장된 천인갱이 난딩(南丁)에 있었다. 해방 후 하이난에 남아 환경미화원으로 일하다 세상을 떠난 박래순 위안부의 묘비도 바오팅(保亭)에 있었다.

Hainan Thousand People Pit

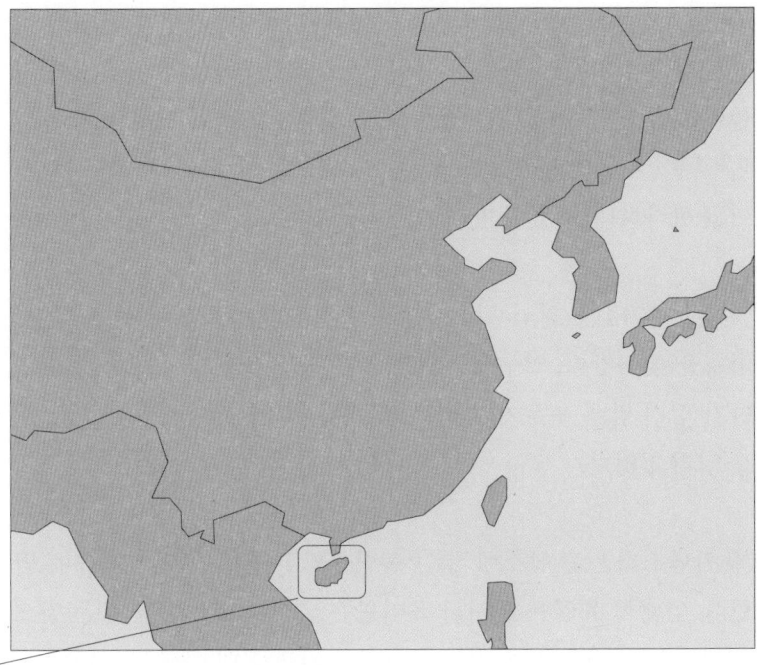

Hainan Thousand Peopel Pit
海南千人坑

Hainan Province, Sanya City
海南省三亚市

텐두 만인갱에 매장된 사람들은 한국에서 경영하던 일본업체 석원산업이나 일본인을 따라 하이난에 와서 광산에 유입된 노무자들이다. 난딩 천인갱에는 경성 형무소에서 파견된 조선 보국대 *남방 파견 보국대 중 해방 후 귀국을 못 할 정도로 신체가 망가진 사람들이 묻혔다. 위안부였던 박래순은 홀로 하이난에 남았다.

필자는 2014년, 천인갱이 실제로 존재한다는 확신이 들 무렵, 천인갱을 찾아갔다. 입구에는 쓰레기가 잔뜩 쌓여있고 땅콩과 고구마가 심긴 밭에 우두커니 비석 네 개가 서 있다. 방치된 분향소 문도 열려 있었다.

을씨년스러운 분향소에 놓인 올막졸막한 유골단지가 가슴에 박힌다. 인체형 유골을 전시한 유리관은 파손되고 손발을 묶은 것으로 보이는 철사줄 같은 것이 깨어진 유리 전시대 안에 뎅그마니 놓여 있다. 벽에는 현지 소학교 학생들이 태극기 걸린 분향소에 와서 참관하는 사진도 걸려있다.

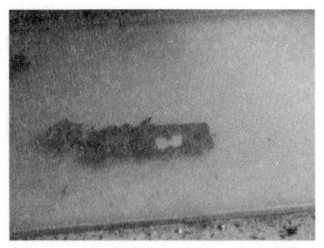 

Hainan Thousand People Pit

천인갱 분향소 영락제

2001년 5월 현지 난딩소학교 학생들의 천인갱 추모 행사 사진, 영락제 내부 벽에 걸려 있다.

海南千人坑 *A Story of 1939-1945*

두 번째 천인갱을 찾았을 때는 그나마 거적으로 둘러쳐진 담장이 없어지고 바로 옆에 있는 중국인 무덤과 경계가 모호해졌다. 세 번째 찾아갔을 때, 천인갱은 잘 다듬어진 영농 밭이 되어 작물이 싱그럽게 자라고 있었다. 네 번째 갔을 때는 아프리카 열병으로 죽은 돼지를 천인갱 부지 옆에 묻어 오물이 넘쳐 들어오고 중국 측 관리자가 천인갱은 관광지가 아니니 일반인이 들어갈 수 없다고 막았다.

누구의 유해인가? 일제 패망 직전 남방 보국대원들을 감독했던 장달웅(張達雄) 씨는 현 천인갱 현장 관리인과 사적으로 만난 자리에서 당시 상황에 대해 이렇게 말했다. "구덩이 맨 아래에 장작을 깔고 사람을 얹고 또 장작과 사람, 장작과 사람, 이렇게 3층으로 넣은 후 기름을 부어 소각했다" 라고 한다. 유해가 나오기 시작하면 줄줄이 나올 것이다. 2019년 SBS 취재팀이 현장에서 30cm를 팠는데 유해가 나왔다. 당장 유해봉환도 할 수 없는 형편이라 SBS 취재팀은 표시만 해놓고 우선 덮었다고 한다.

Hainan Thousand People Pit

분향소 영락제에 안치된 유골 항아리

하이난 천인갱

2015년 천인갱 입구

海南千人坑 *A Story of 1939-1945*

1부. 침략과 약탈로 세운 대동아 남방기지

1. 남진의 중심
2. 포탄으로 점령한 하이난
3. 일본 치안유지회
4. 삼광정책(三光政策 살인·약탈·방화)
5. 철광 채굴
6. 점령지역 경제 개발
7. 호우스촌의 피로 쓴 역사
8. 먀오산촌의 참상
9. 스루의 참상
10 스루광산 노동 환경
11. 동광 바숴항만·수력발전소

1. 남진의 중심

근대 일본 제국은 중국 만주를 점령하고 "대동아공영권"이란 명목하에 동남아시아 침략을 본격화했다. 1937년, 중국 본토에 대한 공격을 단행하여 중일전쟁을 일으키고 1941년에는 미국 하와이 진주만을 예고 없이 무차별 폭격을 가함으로써 태평양전쟁을 일으켰다. 그러나 일제는 전쟁 범위가 넓어지고 장기화함에 따라 외교적으로 고립되고 군수물자도 부족하여 열세로 몰렸다.

일본 해군부가 "하이난을 일본 남진의 중심"으로 삼아야 한다는 의견을 제출했다. 일본 신문과 잡지들은 남진정책에 호응하여 하이난의 중요성과 일본 해양 정책의 불가분 관계 등을 빈번히 보도했다. 군국주의자 해군 대령 이시마루 후지오(石丸藤夫)는 직접적으로 하이난섬은 "일본의 생명선"이라고까지 언급했다. 1938년, 광저우를 공략하기로 한 어전회의에서 하이난을 점령하여 일본 세력을 확장하자고 제기했지만 일본 육군이 반대했다. 일본 육군부는 칭다오(靑島)나 샤먼(廈門)처럼 경제적으로 발전한 지역을 권익 지대로 삼으려고 했지만, 일본 해군은 아시아 대륙의 남부 푸젠(福建), 윈난(雲南), 광둥(廣東) 및 남양*프랑스령 베트남, 영국령 말레이, 호주, 네덜란드령 동인도제도. 미국령 필리핀, 괌 등으로 세력을 확장하는 '남진'을 적극 주장했다.

1938년 10월, 일제가 광저우를 점령했는데도 중국은 하노이와 미얀마를 통해, 산터우(汕斗), 베트남, 남중국해 광저우 연안 등을 통해 항일 군사 물품을 대량으로 반입했다. 하이난에 우수한 일본 함대를 집중할 경우, 남중국해 해역을 봉쇄해서 미얀마 통행을 차단하고 해외에서 중국으로 들어오는 항일 군수물자 지원을 단절시킬 수 있다. 중국 함대도 견제하고 난양(南洋, *현 싱가포르) 패권 쟁탈전에도 유용하며 프랑스와 미국 함대도 통제할 수 있는 이점 있다. 또 일본 해군은 다년간 조사하여 하이난의 서부 스루(石碌)와 톈두(田獨)에 양질의 철광이 대량 매장되었다는 것도 알고 있다. 긴 시간 전쟁을 수행한 일본은 무기를 제조하는 철광석이 요긴한 때였다. 하이난은 '지리적 이점과 자원 확보' 두 가지 조건을 갖추었다.

1937년, 본격적인 중일전쟁을 일으킨 일제는 아주 신속하게 베이징, 상하이, 난징을 점령하고 1938년 10월 광둥성 광저우를 점령했다. 1938년 9월, 타이완총독부가 타이완과 하이난 남양군도를 통합하여 "제국 남방정책의 전진 거점'으로 한다는 「해남도 처리 방침」을 작성했다. 1939년 1월 17일 일본 천황을 포함한 회의에서 하이난섬 공격을 결정하고 그해 2월 10일 하이난을 점령해서 1945년 8월까지 6년간 일본 해군과 육군이 통치했다.

Hainan Thousand People Pit

정교한 장비를 갖춘 일본군 모습.

1940년 9월, 일제는 프랑스 영토인 인도차이나 북부를 진격하고 독일, 이탈리아와 3국 동맹을 맺어 중국을 지원하는 미국, 영국과 대결하는 방향으로 나갔다. 전쟁은 세계대전으로 확대되고 개전 초기 일본군은 승승장구하며 필리핀, 싱가포르, 네덜런드령 동인도 여러 섬과 미얀마를 점령했다. 1941년 12월 8일, 말레이반도에 기습 상륙하는 동시에 하와이 진주만도 기습하였다.

1941년 태평양전쟁이 본격적으로 발발한 후, 하이난의 정무 처리 기조를 변경했다. 하이난은 남방 거점지역이 아니라 급박하게 필요한 주요 국방자원을 개발하기 위해 자원 약탈에 박차를 가한다고 목적을 바꾸었다. 일본해군 특무부는 하이난을 점령하고 곧바로 전문가를 동원해서 광산, 해양, 삼림 등 천연자원을 조사한바, 싼야 텐두와 스루(石碌)에 품질이 우수한 철광이 대량 매장되어 있는 것을 발견했다. 전쟁·경제 이윤이라는 미끼로 일본과 타이완의 민간 기업들을 하이난으로 끌어들여 자원을 약탈하고 군수물자를 조달했다. 텐두광산은 석원산업이, 스루광산은 일본 질소회사가 투자해서 개발했다.

일제는 치안유지회를 통합하여 하이난 임시정부를 수립하고 급박하게 변하는 국제정세에 대처하기 위해 사령부, 제15 방비대, 제16 방비대, 하이난 해군 특무부 경리부, 군수부, 항공공장, 건설부. 통신대, 임시군법회 등을 통합하여 행정을 통괄하는 하이난 경비사령부를 설치했다. 경비부 사령장관이 군정을 지휘하고 해군 제5함대 사령부가 군정 사무를 담당했다. 동시에 비행장, 항만, 도로 등 군사기지화 건설 작업을 진행했다. 광산 개발, 철도와 항만 건설을 하청받은 일본기업은 현지인뿐 아니라 중국.타이완, 한국, 말레이시아, 싱가포르 등에서 노무자를 모집해서 노동시켰다.

 일본이 하이난을 침공할 무렵, 하이난에는 언어, 문화가 다른 소수민족 여족(黎族), 묘족(苗族), 한족(漢族) 등 약 150만 명이 각각 별도의 집단을 이루며 살았다. 그러나 일제가 태평양 및 동남아 지역과 중국 본토를 점령하면서부터 하이난은 일제의 전략적 전쟁 기지로 바뀌고 참혹한 지배를 받았다. 일제가 하이난을 강점하고 무참히 살육한 사람만도 전체 인구의 1/4이 넘는 40만 명에 이른다.

 그 무렵, 중국은 친일파 왕징웨이(汪精衛, 1883~1944)가 난징(南京)에서 친일 정권을 세우고 주석으로 취임했을 때이다. 국민당 군대는 일본군의 막강한 병력에 대항하지 못하고 하이난 통치를 포기한 상태였으며 소수의 국민당과 공산당 병력만이 산속에서 소규모 유격 활동을 하는 정도였다.

2. 포탄으로 점령한 하이난

하이난 침략에 동원된 병력은 모두 4만여 명이다. 1939년 2월 10일 새벽 두세 시경, 일본 육군 타이완 혼성여단과 제5함대로 구성된 우익대 500여 명이 하이난의 북쪽 하이커우(海口)를 침공했다. 작전 전략은 크게 최북단 하이커우와 충산(瓊山)현 일대를 점령하는 '갑(甲) 작전'과 하이난의 최남단 야(崖)현, 산야(三亞), 위린(榆林) 일대를 공격하는 '을(乙) 작전'으로 나누었다. 우익대가 하이커우 해안에서 약간 저항은 받았지만, 낮 12시경 하이커우시에 상륙하고 오후 2시에 하이커우 충산현(琼山縣)까지 성공적으로 점령했다.

갑 작전이 매우 순조롭게 진행되어 을 작전은 이틀을 앞당겼다. 1939년 2월 14일 새벽, 일본군 전함 세 척이 호위함대의 보호를 받으며 남부 싼야(三亚) 인근 위린항(榆林港)에 상륙했다. 을 작전에 참가한 부대는 일본 국내 제6 특별 육전대 730명, 제4 특별 육전대 860명, 제8 특별 육전대 860명, 포함해 총 2,450명이다.

1939.2.10
하이커우 해관을
점령한 일본군

Hainan Thousand People Pit

하이난 섬에
상륙하기 전
작성된 전투지도.

1939.2.10 하이난에 상륙하는 일본군

일본군은 싼야만(三亞灣)에 상륙하고 고무관으로 플로트를 만들어 선박에 싣고 온 자동차를 육지로 옮겼다. 위린항을 지키던 국민당 경비대대가 적시에 일본군을 발견하고 총격으로 저항했다. 일본군은 위린항 방어가 강하다고 판단하고 해역으로 후퇴해서 위린항 주변을 향해 대포 10여 문을 발사했다. 대포 소리에 화들짝 놀란 인근 주민들은 산으로 피신하고, 국민당 경비 중대와 상공회 자위단 병력 30여 명은 총 한 발도 쏘지 않고 흩어졌다. 일본군은 별 어려움 없이 5시에 싼야항에 상륙하여 6시 15분, 싼야시를 점령하고 서쪽으로 진격하여 정오에 위린(榆林)항을 점령했다.

일본군은 점령 지역을 지정하면 먼저 비행기와 함선에서 포격하여 주요 기관과 민가, 도로와 교량을 파괴하고 대량의 농작물을 망가뜨렸다. 산야에 상륙한 첫날 오후, 일본군 병력은 세 경로를 통해 야현(崖縣)을 공격했다. 한 분대가 야저우만(崖州湾) 해역에서 야현 정부청사(崖縣縣衙)을 향해 대포 4발을 쏘았는데 목표가 정확하지 않아 3발의 포탄이 시관촌(西關村)에 떨어졌다. 집 세 채가 파괴되고, 한 발은 저수지에 떨어졌다.

Hainan Thousand People Pit

하이난 침공에 동원된 대포, 일본 화보 기자가 찍은 사진

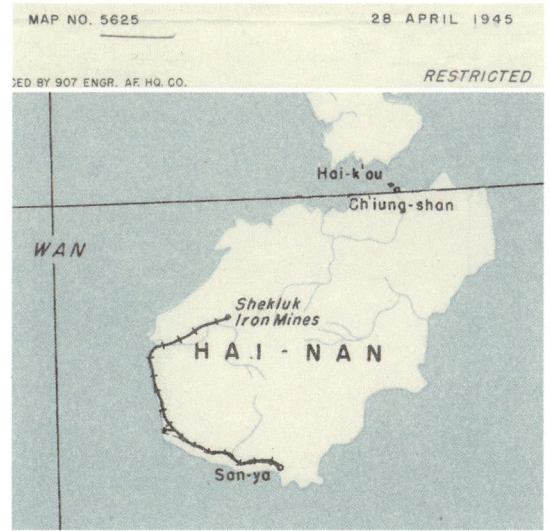

1945년 하이난 지도

· National Archives Identifier 152774641

海南千人坑 *A Story of 1939-1945*

저녁 8시경, 일본군이 현 아문*청사으로 돌진했는데 안에는 아무도 없었다. 현장이 경비 중대장에게 병력을 데리고 대피하라고 지시했기 때문이다. 일본군은 감옥 문을 열어 죄수들을 풀어주고 야성(崖城)중학교에 진지를 설치했다.

 1939년 2월 12일부터 14일까지 일본군은 야현 전역에 폭탄 40여 발을 투하했다. 학교와 민가가 파괴되고 규모가 큰 채소밭에 연이어 떨어진 폭탄 18개는 농작물을 훼손시키고 도로를 파괴했다. 야성 중학교에 주둔한 파견 부대는 다음 날 곧바로 중학교 주변에 사방으로 통하는 환성(環城) 방비 도로 건설을 시작했다.

· 羊杰臣, 「日本侵占崖縣及基暴行記實」, 『鐵蹄下的腥風血雨』, 海南出版社, 1995.

3. 일본 치안유지회

 일본군은 중국인 친일파의 도움을 받아 임시정부를 수립하고 점령한 각 마을에 '화치화'(華治華)*중국인이 중국인을 통치한다는 정책 를 시행하여 치안 유지회를 설립했다. 치안 유지회는 현지인 5~7명으로 구성되었는데 현지인 중에서 회장과 부회장을 선출했다. 치안 유지회 산하에 자위단을 조직하고 회장에게는 총 2~3정을 배정했다. 이들의 임무는 일본군의 지시에 따라 현지 사회를 통제하고 치안을 담당하며 행정, 재무, 교육 건설 등 일본군의 활동을 지원했다.

 이런 조직은 일본이 점령한 지역에서 영향력을 확대하려는 전략이다. 일본군이 포고문을 게시하여 주민들에게 황군(皇軍)*일본군에게 굴복하라고 유도하면, 치안 유지회 사람은 이에 호응하여 민중을 선동하고 강세로 동원하여 노동력을 활용하며, 곡물, 돼지, 양, 닭 등을 수집하여 일본군에게 제공했다.

 일제는 주민들에게 보갑제(保甲制)를 실시했다. 열 가구가 하나의 갑(甲)이다. 그중 한 가구가 죄를 범하면 나머지 아홉 가구가 책임을 지고, 한 사람이 반일 행위를 하면 열 가구가 처벌을 받았다. 소속된 조직에 문제가 발생하면 연대 책임자들은 범인을 체포해서 관청에 인도하고 범인을 체포하지 못하면 벌금을 납부했다. 민간 철제 도구도 몰수하여 다섯 가구가 칼 한 개를 공동으로 사용했다. 밤에는 세 명 이상이 모여 대화하는 것도 금지되고 외부에서 온 사람은 반드시 보갑장(保甲長)에게 보고하고 등록해야 한다. 보고하지 않으면 폭도로 간주하여 처벌을 받았다. 주민의 자유를 제한하고 박탈하여 일본군 통치에 대한 반발을 방지하려는 정책이다. 인력을 강제로 끌어들여 조직한 흑의대(黑衣隊)는 말을 타고 다니며 일본군을 위해 순찰하고 마을을 경계했다. 적이 마을에 들어오면 공격하고, 보장(保長)과 황군(皇軍)에게 보고했다.

14세 이상 민간인에게 주민 신분증 '양민증(良民證)'을 발급했다. 일본군이 집마다 방문하여 거주자를 확인하고 천으로 만든 양민증에 이름, 나이, 성별, 주소와 개인의 신체적 특징인 반점이나 상처도 기록했다. 주민은 반드시 양민증을 소지하고 다니며 불시 검문을 피했다.

양민증

충야(瓊崖)임시정부, 출처, 일본화보 기자가 찍은 사진

하이커우시 치안 유지회 설립 장면

Hainan Thousand People Pit

하이난 싼또우강시
치안유지회 본부

4. 삼광정책(三光政策 살인·약탈·방화)

 삼광정책은 "사람을 죽이고, 물자를 약탈하고, 민가를 불태운다"라는 의미다. 일본군은 항일에 참여한 군대나 민간인을 대상으로 살인·약탈·방화를 저지르면서 넉 달 만에 하이난 남부 지역 대부분을 점령했다. 한 지역을 침공하면 병력을 집중시키고 먼저 잔인한 방법으로 숙청했다. 2월 14일, 싼야에 상륙한 첫 날, 싼야 다리 머리에서 주민 한 명과 국민당 직원 한 명을 기관총으로 쏘아 죽였다. 또 아들을 업고 도망치던 여족 남성 부자(父子)와 두 노인이 총에 맞아 죽었다.

 야저우(崖州) '러뤄촌(乐羅村) 학살 사건'은 충격적인 사건 중의 하나로 꼽는다. 1939년 3월 9일, 대규모 일본군이 마을 입구에 기관총을 설치하고 포위한 후 기병이 기습했다. 잠에서 깨어난 주민들이 혼란스럽게 도망치려 했지만, 일본군은 기관총을 난사해 주민 200여명을 죽였다. 희생자 중에는 노인과 어린아이가 포함되었다.

Hainan Thousand People Pit

하이난의 코코넛 열매를 먹는 일본군

삼광 정책 '살인'

 1940년 2월 19일, 일본군이 하이난에 상륙한 지 5일째 되는 날이다. 새벽 5시가 조금 넘었는데 일본 해군 함선 한 척이 창장(昌江)현 하이웨이촌(海尾村) 서쪽 해안에 정박해 있었다. 전날 밤에 일본 육군 200여 명이 몰래 하이웨이촌을 포위하고 날이 밝기를 기다리고 있다가 동쪽 하늘이 조금 하얗게 밝아오자, 거세게 기관총으로 마을을 향해 사격했다. 놀라서 해변으로 달려간 사람 15명이 죽었다. 여기서 그치지 않고 일본군은 집마다 수색했다. 한 가구에 80세가 넘은 두 명의 노부인이 있었는데, 이들은 총소리를 듣고 겁에 질려 밖으로 나가지도 못하고 침대에 멍하니 앉아 있었다. 일본군은 두 노부인을 10여 차례 총으로 찔러 침대 위에서 죽였다. 오후 2시경, 무고히 잡힌 두 사람이 마을 사람들이 지켜보는 한가운데 섰다. 일본군은 이들의 손과 발을 나무판에 단단히 묶고 땅에 눕힌 후, 말을 타고 짓밟아 죽인 후 머리를 베어 군중 앞에 전시했다. 적군이 물러간 후에야 가족들이 희생자 시신을 찾았다. 하루 만에 하이웨이촌에서 모두 31명이 죽었다.

 삼광 정책은 하이난 모든 지역에서 자행되었다. 마링(馬嶺)에서는 삼부자를 살해해서 가문을 멸족시켰다. 푸촌(鋪村)에서는 주민 20명을 체포해서 19명을 죽여 우물에 던져 넣었다. 용난(永南)에서는 주민 50명 이상이 한꺼번에 사살되고 탄차오셴(譚朝選)이란 청년은 말꼬리에 묶인 채 끌려가며 죽었다.

링수이현의 우스무(烏石姆)와 차오바이산(朝拜山) 두 마을에 항일 군대가 활동한다는 정보를 입수한 일본군은 새벽에 두 마을을 포위하여 1,000여 명의 주민을 학살했다. 다푸촌(大補村)에서도 항일 군대가 활동한다는 정보를 입수한 일본군 500~600명이 새벽에 급습하여 항일 인사의 가족 남녀 200여 명을 학살했다.

 창간(昌感 *현 동팡현) 단창촌(丹場村)에서는 주민이 양민증을 받지 않고 '명령에 불복종 한다'는 이유로 93명을 학살하고 주택 38채를 불태웠다. 10월 17일 새벽 5시경, 500여 명의 일본군이 창간(昌感)현 라오오우촌(老歐村)을 공격했다. 항일 군대와 충돌이 있었지만, 저항을 뚫고 48명의 마을 주민을 살해하고 가축을 약탈하고 100여 채의 가옥을 불태웠다. 충산(瓊山) 현 창타이(長泰)에서 일어난 일이다. 17명의 여성과 아이들이 점심을 먹고 있는데 갑자기 일본군이 기습했다. 일본군은 여성 11명을 강간하고 그들과 어린이 6명을 한 부엌에 가두고, 문과 창문을 막은 후 주변에 장작을 쌓아 올리고 불을 질렀다.

삼광 정책 '약탈'

우야동(乌牙峒)은 현재 링수이 여족 자치현 주관진(祖關镇)의 옛 이름이며 동서남북으로 마을 50여 개가 연결된 산간 마을이다. 울창한 원시림과 대나무 숲이 마을을 둘러싸고 그사이 맑고 깨끗한 개울 30여 개가 흘러 여러 종류의 물고기가 서식했다. 땅이 비옥하고 기후가 좋아 오곡 수확도 풍성하여 주민들은 자급자족하며 평화롭게 살았다.

일본군이 우야동을 짓밟기 시작한 그날부터 재앙이 닥쳤다. 우야동에 살던 여족의 후손 후마오전(胡武震)은 분노한 마음으로 일본군이 우야동을 점령했던 시기의 생존자와 피해자들을 찾아다니며 이들로부터 얻은 정보를 바탕으로 "일본군이 능수현(陵水縣) 우야동(乌牙峒)에서 저지른 잔혹한 행위"라는 글을 남겼다.

1940년 9월, 일본군 100여 명이 지휘관을 따라 우야동에 들어왔다. 주민들은 신속하게 가축을 데리고 자신들만 아는 깊은 산속에 숨었는데 일본군은 물건을 약탈하고 가옥을 불태웠다. 대부분 초가집인데 큰불은 사흘 밤낮 마을을 태우고 뼈대와 재만 남겼다. 주민들은 불에 타지 않은 야자수를 보고 마을 윤곽을 찾았다. 며칠 후, 주관진 시장촌(市場村)에 간이 군영이 설립되었다. 군영이 완성되자, 일본군은 현지 부호 천스롄(陳仕連)을 대장으로 임명하고, 일위단(日僞團*일본과 협력한 단체)을 조직했다. 병력은 50여 명이며 총기와 탄약뿐 아니라 전투마도 지급했는데 이들은 일본군이 우야동 여족을 지배하도록 도움을 준 일등 공신이 되었다. 일본군이 여러 차례 통역관을 보내 산속에 숨은 우야동 주민들을 산 아래로 내려오게 유인했으나 여족들은 일본군의 잔혹한 행위가 두려워 감히 깊은 산속에서 나오지 못했다. 한 달 동안 숨어 있던 주민들은 결국 굶주림을 견디지 못하고 황폐해진 고향으로 돌아왔다. 일위단이 주민을 찾아 호적 관리를 하며 양민증을 발급했다.

일본군은 오야당 여족들이 예로부터 섬기던 신당을 철거하고 벽돌과 기와는 군영 초소를 건설한다며 가져갔다. 우야동 청년들에게 티하오진(體號鎭) 롱반촌(龍板村)에서 주관진까지 도로를 건설하라는 지시를 내렸다. 일본군이 필요한 노동자 숫자를 치안 유지회에 보내면 회장이 양민증을 소지한 사람들을 지정해서 돌아가며 노역에 참여시켰다. 주민들은 자신의 공구와 음식을 준비하여 치안 유지회 회장을 따라 공사장으로 나갔다. 매일 800명이 동원되어 하루에 10시간씩 공사를 해서 2개월 만에 도로 16km를 건설했다. 도로가 완성되자, 일본군은 또 천 명에 달하는 우야동 젊은 노동자들을 동원해서 분수령(分水嶺) 산을 파서 도로를 닦고 철길을 놓게 했다. 한 달 동안 밤낮으로 3km 정도의 철도를 건설했다.

일본군이 도로와 철로를 건설한 목적은 우야동의 산림 자원을 약탈하기 위해서다. 우야동에는 대여섯 사람이 안을 수 없을 만큼 크고 품질이 우수한 목재가 많았다. 철길이 완성되자 타이완 벌목공 10여 명이 와서 전기톱으로 큰 나무들을 절단했다. 마을 젊은이 300여 명이 나무 둘레 2미터가 넘는 우야동 목재를 '상자' 차에 옮겨 실으면 일본인이 차를 운전해 산 아래로 운반했다.

일본군은 하루에 최소 두 차례, 각 차량당 $3m^3$의 목재를 실어 4년간 신촌항(新村港) 부두로 날랐다. 비가 와도 이 작업은 멈추지 않았다. 지속적인 벌목과 과도한 채취로 우야동 33.5km 반경의 원시림이 모두 파괴되었다. 나무의 조상으로 불리는 육군송(陆軍松) 한 그루가 있었다. 우야동 여족이 조상때부터 "수왕(树王)"으로 숭배하며 신성시하는 나무이다. 주민들은 나무를 경외하여 함부로 만지지 않고, 종종 닭을 잡아 바치며 나무 신의 보호를 기원했다. 일본군은 여족 주민들의 간절한 애원에도 불구하고 벌목공을 시켜 전기톱으로 "수왕"을 베어냈다.

벌목장은 일본인과 인도인 감독 9명이 감시했다. 이들은 잔혹하고 악독하게 여족 노동자와 타이완 벌목공들을 학대했다. 어깨에 총을 메고, 손에는 몽둥이를 들고 있다가 불쾌히 여기는 사람은 몽둥이로 구타하거나 총집으로 세게 때렸다. 어떤 경우는 머리가 터져 피를 흘렸고, 심하면 기절하거나 죽었다.

일본군 군영 부근에 목재회사도 세워졌다. 일본으로 운송되고 남은 원목은 이차적으로 잘라 일본으로 수출하거나 건축용 자재로 사용했다. 가공 공장에 압착용 오일 스토브 10개가 오일을 추출했다. 강제 동원된 여족 노동자 30여 명이 숯을 만들거나 오일을 추출하면 15~16대의 트럭이 와서 운송해 갔다. 소나무 오일은 총기를 보호하는 윤활유로 일본 군부대에서 사용되었다고 한다.

삼광 정책 '방화'

 1940년 6월 15일, 소수민족 마을 바오딩촌(保定村)에 일본군 비행기가 처음 폭격을 가했다. 곡물 파종 시기였다. 정오쯤, 갑자기 비행기 4대가 마을 상공에 나타나 저공으로 야자수 꼭대기를 스치듯이 날았다. 비행기를 처음 본 아이들은 신기해서 "저게 비행기야"라고 소리 질렀다.

 그런데 비행기는 저공하면서 세 바퀴 돌더니 폭탄 8개를 던졌다. "우르르 쾅쾅"하는 굉음과 짙은 연기가 온 마을을 뒤덮었다. 마을 사람들은 혼란에 빠져 나무 아래나 산골짜기, 큰 바위 뒤에 몸을 숨겼다. 폭탄을 던진 비행기는 다시 저공하면서 기관총을 쏘아 100여 호 주택과 곡식 창고를 불살랐다. 그 무렵 날이 가물어 불길은 재빨리 번졌다. 불기둥이 하늘 높이 치솟고 온 마을은 불바다가 되었다. 일본군 비행기가 떠난 후, 청장년 남성들이 마을로 뛰어가 불을 껐다. 큰불은 한밤중이 되어서야 꺼지고 소, 양, 돼지, 닭, 거위, 오리 등 많은 가축이 폭사했다. 바오딩촌이 일본군 비행기 폭격을 받은 후 주민들은 흩어졌다. 일부는 동팡(東方), 창장(昌江), 바이사(白沙), 바오팅(保亭), 야현(崖縣) 등으로 피신하고 일부는 더 멀리 도망을 가거나, 그렇지 않으면 마을에서 1~2km 떨어진 곳에 초가집을 짓고 살았다.

1941년 음력 1월 20일 오전 10시쯤, 일본군 비행기 4대가 또 바오팅촌 상공에 나타났다. 저공비행을 몇 차례 하더니 이번에도 폭탄을 투하했다. 두 번째 폭격은 첫 번째보다 더 심각했다. 인근 마을까지 모두 12개 대형 폭탄이 투하되어 깊이와 폭이 각각 10미터가 넘는 구덩이가 생기고 가옥은 완전히 파괴되었다. 무성한 나무와 대나무 숲도 불타고 큰불은 며칠 밤낮으로 계속 타올랐다.

· 張應勇,「日軍人侵保定縣始末」,『鐵蹄下的腥風血雨』, 海南出版社, 1995.
· 孫惠公,「接見日本"和平之船"訪華團講話」,『鐵蹄下的腥風血雨』, 海南出版社, 1995.
· 羊杰臣,「日本侵占崖縣及基暴行記實」,『鐵蹄下的腥風血雨』, 海南出版社, 1995.
· 胡茂震,「日軍在陵水縣烏牙峒暴行實錄」,『鐵蹄下的腥風血雨』, 1995

5. 철광 채굴

1939년 2월, 해군 특무부 기타우라(北浦) 대령이 공학 기술자들과 텐두(田獨)광산에 매장된 철광을 조사했다. 이시하라(石原) 주식회사 기술자 스기야마 쇼우가(杉山詳加)와 마쓰야마(松山)가 재조사한 결과, 철광 150만 톤이 매장된 것으로 추정했다. 매장량은 많지 않지만, 품질이 매우 우수한 희귀한 철광이었다.

일본 정부는 이시하라 주식회사가 투자해서 텐두광산의 철광을 개발하도록 승인했다. 이시하라 주식회사는 일본 하이난 주식회사와 합자해서 광산 개발을 서둘렀다. 구인 중개업체가 일본이 이미 점령한 상하이(上海), 광저우(廣州), 홍콩(香港), 마카오(澳門), 산터우(汕頭), 샤먼(廈門) 등지에서 빈민과 학생들을 강제로 모집하거나 유인해서 데려왔다. 불완전한 통계에 따르면, 대륙 각지에서 총 68차례에 걸쳐 매번 300~500명씩 데려온 총 25,000여 명이 텐두광산 철광 채굴에 종사했다.

오랜 전쟁을 치르면서 경제적으로 고갈한 일본 정부는 무기를 제조할 철광이 필요한 시간이었다. 이시하라 주식회사는 세 단계 계획을 세우고 철광을 약탈했다. 첫 번째 단계는 1939년 2월부터 1940년 6월까지로, 연간 30만 톤 생산을 계획했으나 실제 연간 생산량은 69,599톤, 원래 계획의 56.5%만 달성했다. 소형 암석 천공기와 10톤 궤도차, 2톤 소형 광차 등 간단한 기계 장비만 사용했고 나머지는 대부분 인력 작업으로 이루어졌다. 두 번째 단계는 1940

년 6월부터 1941년 9월까지로, 연간 생산량을 60만 톤으로 계획했으나 실제 생산량은 계획의 56%에 그쳤다. 이 기간 일부 운송 장비와 광산 기계가 추가되었지만, 생산은 여전히 인력 작업으로 이루어졌다. 세 번째 단계는 1942년부터 1943년 3월까지, 연간 생산 목표를 120만 톤으로 증가했지만, 내외적 어려움으로 인해 실제로는 계획의 76.5%만 완수했다.

1939년, 철광 채굴을 착공해서 1944년까지 총 1,691,623톤의 광석을 채굴했고, 이 중 1,687,689톤을 도쿄로 운송했다. 1944년부터 연합군이 하이난 해역을 봉쇄해서 생산이 중단되고, 1945년 8월 일본의 무조건 항복으로 텐두광산 채굴은 종결되었을 때, 텐두광산의 노동자 25,000명 중 1,713명이 남았다. 2만 여명이 열악한 환경에서 일하다가 굶어 죽고, 병들어 죽고 맞아 죽었다. 이들을 매장한 곳을 만인갱이라고 한다.

6. 점령지역 경제 개발

 하이난에 진출한 일본 주식회사들도 일본군처럼 하이난 자원을 약탈했다. 일본이 하이난을 점령한 기간, 일본 상업은 일본 정부의 전시 통제하에 발전했다. 1939년 2~6월 사이 해관이 폐쇄되어 대외 무역이 중단되었다. 중국 은행이 하이난을 떠났다. 일본은 하이난에 남아 있는 중국 은행의 영업을 정지하거나 이전하도록 강요하고 일본 은행을 개설했다. 요코하마쇼킨(正金)은행, 타이완은행, 경애은행 3개가 일본과 관련된 모든 송출금 업무를 처리했다.

 중국 화폐제도도 폐지했다. 1938년 10월 말, 일본 정부는 일본 지폐 사용을 중지하고 군표*군용표를 발행해서, 일본 은행이 발행한 지폐와 동일하게 취급했다. 하이난에서 통용된 군표 금액은 10원, 5원, 50전, 20전, 1진이었다. 요코하마쇼킨은행, 타이완 은행이 발행한 군용 수표, 일본 은행권, 타이완 은행권, 남방개발권 등은 시가 2억 위안을 넘었다.

민간인이 재배한 야채를 일본으로 운송하는 장면, 1919년 8월 16일, 봉황신문(鳳凰新聞)

이 무렵, 미쓰이(三井) 회사가 일본 측의 비호하에 하이난으로 수입하는 모든 무역을 독점했다. 일본인조차 물자 교류의 제한을 받아 수출입 무역이 1/3로 격감했다. 하이난섬과 중국대륙간의 수출입 거래액은 1937년 500만위안에서 800만 위안으로 증가하고 후에 1,500만위안까지 증가했으나 1939년에 이르러 20~30만 위안으로 격감했다.

和気清麻呂
(わけのきよまろ와케노키요마로)
의 얼굴이 그려져있는 화폐

  구미 각국은 일본이 하이난을 침략하여 세력을 확장하는 정책에 대해 경각심을 가졌다. 외교 관계가 악화하여 국제정세는 일본에 매우 불리하게 작용했다. 남양*현재 싱가포르에서 활동하던 일본인 기업가들은 압력과 위협을 느끼고 하이난으로 왔으며, 타이완, 일본, 상하이 등지의 일본인 사업가들도 하이난에 진출하여 중국인과 협력해서 청부회사를 설립하고 하이난의 농업, 임업, 광산, 목축업, 어업 등 각 분야 무역과 도소매를 하면서 생산품을 전반적으로 약탈했다.

  1939년부터 1940년 말까지 하이난에 진출한 일본 상사는 총 75개이다. 그중 광업회사 15개, 농업과 임업 33개, 축산업 3개, 어업 4개 회사이며 전기업, 도자기업, 가공업 등 회사도 설립되었다. 일본 군부의 승인을 받은 일본 독점 자본 회사는 31개였다.

하이난의 해산품, 소금, 소, 돼지, 닭, 야자, 사탕수수 등도 전쟁물자에 포함되어 민간이 회사를 경영할 수 없도록 규정했다. 포목, 석탄, 기름, 장작 등 일상 생활용품도 개인이 사사로이 판매할 수 없는 독점품목으로 지정되었다. 또 한족 상인들을 징발해 장터를 만들고 일상 생활용품을 팔았다. 일본회사가 번창하자 하이난에 체류하는 일본인도 증가했다. 1941년 5월, 하이난에 거주하는 일본인은 3,945명이었는데 연말에 십만여 명으로 증가했고 1945년 일본이 투항할 때는 3만 명 정도였다.

 일본인이 경영하는 농장은 일본군이 점령한 연해 지역을 따라 넓게 퍼졌다. 메이지(明治)제당 회사는 정안(正安)농장, 중원(中原)농장, 감은(感恩)농장을 세웠다. 엔스이코(鹽水港)제당 회사는 가적(嘉積)농장, 대로(大路)농장, 나다(那大)고무농장 등을 세웠다. 하이난 전체에 일본인이 운영하는 농장은 92개에 달했다. 그중 난요 코하츠(南洋興發)회사 농장이 제일 컸다. 아이현(崖縣)에서 주쒀(九所)까지 7,000ha 농지를 개간해 9개 농장을 운영하며 벼농사를 지었다. 그다음이 링수이 평원 6,600ha에 일본에서 반입한 벼를 재배한 대탁(大托) 회사이다.

타이완 척식회사 축산부가 축산품 가공업에 투자하여 가축업, 도축업을 운영하며 피혁도 취급했다. 남방 축산회사도 아이현에서 도축과 피혁을 취급하고, 하야시카네(林兼)회사도 열흘마다 물고기 20박스를 포장해 일본군에게 보내고 또 본국으로 수출했다. 수산업 중에는 규모가 제일 컸다.

일본군은 링수이현 댜오뤄산(吊羅山)에서 아주 큰 침엽수림을 발견했다. 오오지(王子)제지주식회사와 타이완 척식주식회사가 개발에 착수했다. 이들은 제재소를 차리고 하이난 내에 일본인이 필요로 하는 모든 목재 문제를 해결했다. 1940년 봄부터 '대탁회사'(台托公司)가 티하오진(体号镇) 싼스리(三十笠)에 대규모 농지에 농장을 세우고 사탕수수를 경작했다. 토지는 강탈하고 치안 유지회와 보갑장(保甲長)을 통해 노동력을 동원해 농사를 지었다.

현지인이 재배한 농산품을 확인하는 일본군

하이난 개발에 참여한 일본회사는 정부 정책에 따라 생산품을 일본군과 일본 교민에게 제공했다. 사탕수수는 일본과 통제 지역으로 수출했다. 모든 개발 정책은 경제적 이익을 추구하는 전략이며 점령 지역의 자원을 이용하여 자국 전쟁을 지탱했다.

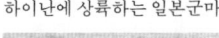

하이난에 상륙하는 일본군마

· 胡素萍 張一平 著,「日本占領下的海南島經濟與社會」,『海南近現代社會圖史』, 人民出版社, 2018. 9
· 蘇智良·侯桂芳·胡南英著,『日本對海南的侵略及其暴行』, 上海辭書出版社, 2005. 5
· 黃懷興何擎國,「田獨萬人坑」,『鐵蹄下的腥風血雨』, 海南出版社, 1995.
· 羊杰臣,「日本侵占崖縣及基暴行記實」,『鐵蹄下的腥風血雨』, 海南出版社, 1995.

7. 호우스촌의 피로 쓴 역사

1939년 2월 10일, 일본군 이노우에 부대(井上部队)가 링수이현을 점령했다. 현 링수이(陵水) 인민정부 위치에 군부 병영을 세우고 이노우에 지휘관은 남문령(南門嶺) 필가봉(笔架峰) 정상에 있는 커다란 암석에 '링수이 점령, 이노우에 부대, 쇼와 14년 4월 21일'이라는 글자를 새겼다.

링성 호우스촌(后石村)은 넓고 평탄하여 비행장을 건설하기에 이상적인 장소이다. 비행장 부지를 확보하기 위한 빌미는 이렇다. 1939년 음력 3월 17일, 일본군 군부는 치안 유지회 보갑장과 일본군 정보원으로부터 한 우체부가 아내와 자녀를 데리고 호우스촌에 정착했는데, 편지를 배달하면서 비밀리에 반일 연락을 한다는 정보를 확보했다. 정보를 받은 날 밤, 링성 군부는 일본군 병사 300명을 파견해서 호우스촌을 기습 공격했다.

한 농민이 밤에 고구마밭을 지키던 중, 어렴풋한 달빛 아래 멀리서 몰려오는 사람 그림자를 보았다. 그는 일본군이 호우스촌을 기습하려는 것임을 직감하고 서둘러 마을로 달려가 빨리 도망가라고 소리 질렀다. 마을 사람들은 큰 혼란에 빠졌다. 사람들은 숨을 곳을 찾고 일본군은 길목을 차단하고 무차별 사격을 가했다. 어두운 밤, 마을 사람이 혼란 속에서 죽었다.

그러나 여기서 끝나지 않고 일본군은 마을로 들어가 집마다 수색했다. 미쳐 도망을 못 가고 잠자고 있던 사람들은 침대에서 창에 찔려 죽었다. 일흔이 넘고 병에 걸린 한 노인은 움직이지 못하고 누워 있었다. 노인을 발견한 일본군은 살아 있는 노인을 불 속에 던졌다. 열예닐곱 살 여족 소녀는 침대에서 번갈아 강간당하고 창에 찔러 죽였다. 사지를 벌린 채 큰 나무에 묶여 죽은 청년도 있다. 일본군이 호우스촌을 기습한 그날 밤, 80여 명이 죽고 초가집 100여 채가 불탔다. 소와 돼지도 300마리 이상 약탈당했다.

피비린내 나는 학살 후, 일본군은 호우스촌에 비행장을 건설한다며 주민들에게 이틀 이내에 모두 이주하라고 명령했다. 주민들은 분노를 표출할 겨를도 없이, 슬픔을 억누르고, 가족들의 시신을 서둘러 묻은 후, 간단한 짐을 챙겨 고향을 떠났다.

1941년 여름부터 일본 해군 기술자 부대가 군사 비행장 건설을 시작했다. 조선, 타이완, 푸젠(福建), 광시(廣西), 광동(廣東)의 차오산(潮汕)과 잔장(湛江) 등지에서 강제 징집된 노동자 4,000여 명이 민가를 철거하며 비행장 건설 공사를 했다. 노동자 중에는 현지인이 가장 많았다.

일본군은 시설 공사를 시작하면 먼저 시체 소각장을 마련했다. 공사장에는 노동자가 노역하다 병이 나거나 다쳐 죽고 현장 감독으로부터 폭행당해 죽는 일이 빈번했다. 일부는 토양과 물에 적응하지 못해 말라리아에 걸렸음에도 불구하고 억지로 일하다가 힘을 잃고 죽었다. 도망치다 붙잡힌 사람들은 더 가혹한 형벌을 받았다. 어떤 감독은 노동자의 배를 찔러 죽이고 시체와 내장을 구덩이에 던졌다.

호우스촌 비행장 건설 중 사망하거나 죽음 직전에 이른 노동자들은 군용 차량에 실어 야린 난관소학교(椰林南關小学) 교실 뒤쪽에 설치된 화장터에서 소각했다. 호우스촌 텐주포(天燭坡) 만인구(萬人口)에도 비행장 건설 현장에서 죽은 사람들을 화장했다.

선설 현장 주변에 노동자를 감시하는 기지 두 개 있다. 라오펑무산(老鳳墓山) 분견대 기지에는 병사 50여 명이 주둔하고 홍츠산(紅紫山)기지에는 20여 명 이상의 병사가 주둔했다. 경비병들은 밤낮을 가리지 않고 교대로 순찰하며, 노동자들의 도주를 막았다. 호우스 비행장 건설 현장에서 탈출하다 붙잡힌 노동자들은 야라오촌(亚老村)에 마련된 용광로, 즉 '사람을 태우는 가마'에서 태워졌다. 호우스촌 비행장에는 4년간 약 165ha에 길이 2km, 너비 20m의 콘크리트 활주로와 비행기 격납고 8개를 건설했다.

일본이 투항하기 직전, 일본군은 노동자들로 하여금 활주로에 깊은 구덩이를 파서 파괴하고 격납고도 철거하여 비행장을 사용할 수 없도록 심각하게 훼손하고 일본으로 떠났다.

링수이 잉저우진(英州鎭) 다퍼(大坡)에도 군사 비행장을 건설했다. 원래 총 10km²의 비행장을 건설하려 했으나, 일본이 투항할 때까지 길이 2km, 너비 300미터의 활주로 기초 공사만 완료했다. 비행장 건설에는 1,000명 이상의 공병 기술자와 약 1만 명 이상의 노동자가 공사를 했다. 다퍼 군사 비행장 공사장에서는 매일 죽은 50~80명 노동자를 용광로에서 소각했다.

8. 먀오산촌의 참상

먀오산촌(妙山村)은 큰 산을 등지고 삼면 들판으로 둘러싸인 가운데 자리 잡은 조그마한 마을이다. 한족 20여 가구가 농사를 지으며 평화롭게 살던 중 1940년 봄, 싼야 군용 비행장을 건설한다고 철거된 싼야촌(三亞村) 등 3개 마을 20여 가구가 이사와서 주민은 총 40여 가구로 늘어났다. 싼야(三亞)군용비행장은 1940년 여름부터 시작하여 1943년 겨울에 완공했다. 원래 수상 비행 연습비행장을 지으려고 하다가 수륙전 실전비행장으로 전환했다.

항일 게릴라대가 산간에 숨어있다가 나타나 일본군 군사 시설을 자주 파괴했다. 비행장 건설이 시작된 후 일본군과 낯선 사람이 종종 나타났다. 그들은 "황군을 도와야 한다.", "게릴라 부대는 나쁜 사람들이니, 발견하고 신고하면 큰 보상을 준다.", "나쁜 사람들과 어울리거나 그들을 숨겨주면 죽는다."라고 경고했다.

일본군은 먀오산촌 주민들이 게릴라 활동에 참여한다고 의심했다. 한밤중에 먀오산촌을 포위하고 주민 백여 명을 잡았다. 그중 게릴라대와 활동했다고 의심되는 사람 30여 명을 지목하고 칼로 죽여 시체를 우물에 던져 넣었다.

일본군이 떠나고 우물에서 29구의 시신과 온몸에 총상 입고 불탄 시신 하나를 건져냈다. 마당 풀무 더미 재에서도 불탄 남성 시신을 발견했다. 일본군이 마을로 들어올 때 풀무 더미에 숨어 있다가 불에 타 죽은 사람이다. 마을 뒤 숲가에서도 살해된 노인 시신 하나를 발견했다. 숲으로 도망치다 총살된 노인이다. 한 남성은 자신의 집 입구에서 찔려 죽고 불탄 채로 발견되었다. 80세가 넘은 한 노파는 자신의 집 마당에서 발견되었는데, 일본군이 집결지로 몰아가던 중 걸을 수 없어 찔려 죽었다. 한 30대 여성은 귀가 먹어 일본군의 명령을 듣지 못해 집결지로 가지 않아 죽임을 당했다.

· 陳石禮, 「陰施毒計誘殺村民 — 玅山村大屠殺記實」, 『鐵蹄下的腥風血雨』, 海南出版社, 1995.

9. 스루의 참상

창장현(昌江縣) 스루(石碌)는 토지가 비옥하고 지하자원이 풍부했다. 동쪽에는 웅장한 산, 서쪽에는 수려한 바다가 있고, 땅속에는 철, 금, 구리, 알루미늄, 아연 등 20여 가지 지하자원이 풍부하다. 스루광산에 일본인이 온 후부터 광산 지역에 거주하며 농사짓고 살던 일부 여족들은 강제로 이주당하고 쫓겨났다.

일본은 철광을 얻기위해 1939년 2월, 하이난에 상륙하자마자 일본군 요시다 이쿠조(吉田郁造) 지질조사반이 스루의 지질을 조사했다. 3월에는 일본 상공성의 이시이(石井)가 조사단을 데리고 와서 스루광산을 조사했다. 4월, 일본군 하시모토(桥本) 지질조사팀이 광상을 발견했다. 8월, 일본군 타케우치(竹内) 지질조사대가 스루광산에 매상된 광석의 질량과 저장량을 확정했다.

일본 정부는 '일본 질소비료 주식회사'가 스루광산을 개발하도록 지시했다. 이후 '일본 질소 하이난 공업 주식회사'로 회사명을 변경하고 하이난 지사 책임자 쿠보타 유타카(久保田 豊) 일행과 채굴 계획을 세웠다. 11월, 스루광산 일본군 기지가 설립되었다. 12월 초에는 스루광산 외곽을 확장하고 검문소를 설치하여 광산 구역을 보호했다. 1940년 1월, 광석 채굴을 시작하면서 동시에 철도 측량반이 채굴한 광물을 운송하기 위해 스루에서 바쉬(八所)까지 철도를 건설하기 시작했다.

당시 전쟁은 일본에 불리하게 진행되었다. 다급한 일본은 단기간에 스루광산에서 채굴한 철광 모두를 일본으로 무리하게 운송하려 했다. 첫 번째 단계는 연간 100만 톤, 두 번째 단계는 연간 200만 톤, 세 번째 단계는 연간 300만 톤을 생산하기로 계획을 세웠다. 이런 계획을 실현하려면 대량의 노동자가 필요했다.

10. 스루광산 노동 환경

 홍콩의 '합기회사'나 상하이의 '오송 노동부'가 상하이, 광저우, 홍콩, 마카오, 샤먼(厦門), 산터우(汕頭), 타이완 등에서 학생, 청년, 실직 노동자들을 모집해 데려왔다. 구인 회사는 굶주림과 추위에 시달리는 난민들을 속여 노동자를 모집했다. 그 무렵, 타이완은 기근이 심했다. 구인회사는 하이난에서 일하면 하루 품삯 2엔, 계약기간 6개월 조건으로 노동자를 모집했다. 기아에 시달리던 많은 타이완 사람이 자원해서 계약에 서명했다. 홍콩에서는 계약기간 1년, 매일 품삯은 80전(엔), 하루 두 끼 음식을 제공한다는 조건으로 노동자를 모집했다. 1941년 말, 일본은 홍콩을 점령하고 16~22세 청년들은 군에 입대하거나 하이난에 가서 1년간 광물을 채굴하도록 규정했다. 광산에서 일하는 것이 입대보다 낫다고 여긴 젊은이와 입대 신체검사에서 불합격한 이들이 하이난으로 왔다.

 노동자들은 "하이난에 가서 일하면 매일 세 끼를 배불리 먹을 수 있다. 쌀과 밀가루, 생선 등 먹거리가 풍부하고 야자나 파인애플도 많다. 매달 21엔 급여와 30위안 정착비를 준다." 등 이런 달콤한 말에 속았다. 특히 여성들은 하이난에 병원이 많아 간호사가 필요한데 간호사가 되면 먹고 살 걱정 없다"는 말에 속았다. 생존에 희망을 건 가난한 사람들이 하이난으로 향했다. 이들은 대부분 홍콩에서 배를 타고 바숴 항에 내려 차를 타거나 걸어서 공사 현장으로 왔다. 스루광산에 노동자 4만여 명이 투입되었다.

스루광산은 반기계화로 철광을 채굴했다. 주로 북부 주맥 광체의 하부 경사 광맥과 세 개의 광맥 층 면을 채굴했다. 당시 운송 시스템이 완성되지 않았고, 전기삽과 같은 장비는 층 면 개발과 도로 개설에만 사용했다. 광석 채굴과 적재는 전적으로 노동자 체력에 의존하고 적재한 철광은 상부 컨베이어 벨트를 이용해 저장고로 운송했다. 스루광산 노동자 처우는 아주 비참했다. 처음에는 음식도 먹을 만큼은 주었으나 노동자 수가 증가하고 중국인의 저항이 강해져 일본군이 중국에서 확보할 수 있는 식량이 점점 줄어들었다. 1944년 이후에는 하루 한 끼 식사로 석 냥이 조금 넘는 쌀을 주고 때로는 고구마를 주었다.

노동자들은 힘든 노동에 시달리고 일본군의 잔혹한 감독에 시달렸다. 하루에 11~13시간 소처럼 일하며 자유가 전혀 없었다. 감독은 늘 노동자 등 뒤에서 "더 빨리 일해"라고 외쳤다. 잠시 손을 멈추고 땀을 닦으면, 감독의 지휘봉이 날아오거나, 발로 다리나 허리를 찼다. 매일 아침 해가 뜨기 전에 노동자들은 줄을 섰다. 병든 사람도 예외가 아니다. 머리가 아파서 일할 수 없다고 하면 '문명 봉(文明棍)'으로 머리와 배를 맞았다.

노동자들이 받는 처벌은 잔인했다. 양손을 뒤로 묶어 나무에 매달고 '비행기 탄다'며 처벌했다. 노동자들이 서로 때리게도 했다. 이때 동료를 가볍게 치면, 감독이 더 심하게 때린다. 학대를 견디지 못하고 도망친 노동자 중에는 운 좋게 탈출하는 이도 있지만, 잡혀오면 자신이 판 구덩이에 들어가 흙이 입까지 덮이고 두 눈과 코만 남긴 채 살아서 굶겨 죽인다. '묻히기'라는 처벌을 받았는데 일종의 공개 처형이다.

1941년 차하(叉河)에서 철교 공사를 할 때, 광저우에서 온 노동자 두 명이 병이 나서 숲에 들어가 잠깐 쉬다가 감독관에게 들켜 죽을 지경으로 맞았다. 감독관은 그들의 손발을 묶고 다른 노동자들에게 나무를 모아 불을 지피게 하고, 휘발유를 부어 불태웠다. 1941년 9월 어느 날, 수이웨이(水尾)에서 온 노동자 3명이 도망쳐 집으로 가다가 잡혀 돌아왔다. 일본군은 노동자를 한 명씩 무릎을 꿇리고 커다란 칼로 죽인 후 구덩이에 밀어 넣었다. 그리고 둘러선 노동자들에게 손뼉을 치며 "잘 죽였다"라고 외치도록 했다.

스루는 말라리아나 콜레라 발병 지역이다. 날씨는 덥고 식수도 불결하며 모기와 독사가 많았다. 주로 고열, 설사, 상처가 곪는 증상이 많았다. 그러나 대부분 노동자는 병원 가기를 꺼렸다. 병실에는 돌보는 사람이 없고 물조차 제공되지 않아 목말라 죽거나 굶어 죽는 경우가 흔했다. 때로는 병원에서 독극물 주사를 맞고 '태평 방'으로 옮겨져, 죽은 사람으로 처리되기도 했다. 전염병에 걸리면 마취 주사를 맞혀 의식을 잃게 한 후 불태웠다.

처음에는 노동자가 죽으면 개별적으로 화장하다가 사망자가 많아져 매장팀이 매일 구덩이를 파고 사망자를 한데 모아 쌓은 후 불을 붙여 태웠다. 스루에 시체를 태우는 장소가 두 곳 있었다. 하나는 현재의 스루 교량 서쪽 머리 아래이고 다른 하나는 철강 공장의 오래된 용광로가 있는 자리이다.

 스루광산에서 4만 명 이상의 노동자들이 병들어 죽거나 굶어 죽고 폭행당해 죽었다. 이들은 소각되거나 산 채로 묻혔다. 일본이 항복할 때, 스루광산 4만 명 노동자 중 5,800여 명이 살아남았다.

Hainan Thousand People Pit

스루교 서쪽 머리에 시체 소각장이 있었다.

· 吉亞黑等口述潘先木罗等整理,「人間地獄虎口餘生」,『鐵蹄下的腥風血雨』 1995.

11. 동팡 바쉬 항만·수력발전소

1939년 12월, 일본 질소 회사가 스루에서 동팡(東方) 바쉬(八所)까지 이어지는 철도를 착공하면서 채굴한 철광석을 운반할 수 있는 항만(북방파제, 서방파제)과 수력 발전소도 동시에 건설했다.

선인장만 무성하게 덮인 황량한 해안에 항만과 수력 발전소를 건설 하려고 했으나, 공업용수와 생활용수를 해결할 수자원이 없었다. 물이 없으면 공사가 불가능해서 수맥을 찾던 중 해안에서 약 300미터 떨어진 곳, 선인장 아래 움푹 파인 곳에서 물을 발견했다. 2개월간 조사하고 측정한바 수원이 넉넉해서 공사를 시작했다.

노동자들의 의식주 환경은 아주 열악하고 비참했다. 하루 석 량 주먹밥을 먹으며 노동하는 도구로 사용될 뿐이었다. 시멘트 부대를 옷으로 삼아 걸쳤다. 해변 모랫바닥에 지은 초가집 한 방에 60명 정도가 잠을 잤다. 이불은 마대자루이다. 그것도 부족해 마대를 훔치다 들키면 참수를 당했다. 바쉬 항만과 수력발전소 건설 현장 노동자들은 잔혹한 박해를 받았다. 이들은 주로 다음과 같은 극형을 받았다. 전기 물고문, 뼈를 분리하는 고문, 힘줄 자르기, 개에게 물리기, 끓는 물로 화상 입히기, 살아있는 표적 찌르기 연습, 채찍과 막대로 때리기, 몸의 절반을 땅에 묻고 매장하기, 참수 등이다.

1942년 스루광산에 18,000명, 철도 공사 3,000명, 바쉬 항만 공사 17,000명, 동팡 수력발전소 공사 2,000명, 기타 공사 1,500명이 동원되었다. 잔혹한 체벌을 받으면서 극도로 강도 높은 일을 하는 노동자 수만 명이 죽었다.

초기에는 죽은 사람을 나무나 풀더미에 태워 화장하고, 유골은 목제 상자에 담아 백성사(百姓廟)에 보관했다. 그러나 사망률이 점점 높아져 장작을 구할 수 없어 항구에서 남쪽으로 약 1킬로미터 떨어진 위린저우(鱼鳞洲) 모래언덕에 큰 구덩이를 파서 시신 수십 구씩 던져 넣고 얇은 모래로 덮었다. 구덩이가 가득 차면, 비바람이 불어 유해가 드러나고 까마귀 떼가 시신을 쪼아먹었다. 나중에 '만인갱(萬人坑)'이라고 불리게 되었다.

스루-바쉬 철도는 순수한 인력으로 52km를 건설했다. 1941년 4월 4일 완공하여 4월 7일부터 운행을 시작했다. 1942년 12월 수력발전소 공사를 시작하여 44년 2월부터 파쒀 지역에 전력을 공급했다. 3월, 바쉬 항만도 일부 공사가 완료되어 하순부터 첫 선박이 철광석을 일본으로 운반했다. 1941년부터 1944년까지 일본군은 스루 철광(石碌鐵礦)에서 4년간 채굴한 총 695,274톤 철광석 중 694,945톤을 일본으로 운송했다.

바쉬 항에서 일본으로
운송할 철광석을 선박에
적재하는 장면

바쉬 해변의 선인장

Hainan Thousand People Pit

바쉬 등대

海南千人坑 *A Story of 1939-1945*

2부. 텐두(田獨) 만인갱(萬人坑)

1. 광산 노역자들이 학대받아 죽은 장소
2. 인간 지옥 텐두광산

1. 광산 노역자들이 학대받아 죽은 장소

 텐두 만인갱은 텐두광산에서 철광을 채굴하기 위해 동원된 1만여 명의 노역자들이 일본군의 학대를 받아 죽은 장소를 기리는 곳이다. 일본군은 열악한 환경에서 작업 효율을 높이기 위해 노동자들을 학대하면서 무리하게 일을 시키고 병들거나 신체가 망가져 노동력을 상실하면 죽이고 시체는 소각했다.

 하이난 싼야시 지양구(吉陽區) 텐두에 품질이 우수한 철광 약 150만 톤이 매장되어 있었다. 일본해군 특무부는 석원 주식회사를 끌어들였다. 석원 주식회사는 일본해군의 비호를 받으며 조선, 홍콩, 인도 등 일제가 점령한 지역에서 노역자를 모집해 왔다. 강제 연행이라는 형식을 피하고자 높은 임금을 준다는 식으로, 경제적으로 어려운 처지에 있던 노동자들을 속여 300~500명씩 60여 차례나 데리고 왔다.

 1942년 2월, 일본 정부는 공식적으로 「조선인 노무자(朝鮮人勞務者) 활용에 관한 방책」을 각의에서 결정하여 관이 주도하는 한국인 노동자의 징용에 의한 강제 연행을 시작했다.

그러나 비공식적으로 석원산업이 1939년부터 천 명이 넘는 조선인을 연행하여 노역시켰다. 일본 정부, 군부 및 민간기업까지 합세하여 강제 연행이 이루어진 것이다. 텐두 만인갱 희생자 중에는 한인 노동자들이 있다. 이들은 한국에서 운영되던 석원 산업회사나 일본인을 따라와서 광물 채광 작업에 동원된 것으로 보인다. 석원 산업은 텐두광산을 독점하여 1939년 8월부터 채굴을 시작했다. 1941년부터 1944년까지 채굴한 철광은 1,691,623톤이었으며 그 중 1,687,689톤을 일본으로 반출했다. 1939년부터 1945년까지, 텐두광산에 강제 징용되거나 동원된 현지인 노역자는 25,000여 명이었다. 1944년 5월, 텐두광산에 노역자 7,940명이 남아 있었는데 그해 8월에는 겨우 1,713명만이 살아남아 있었다.

 이들은 모두 어디로 갔을까? 이 물음에 대해 당시 텐두광산에서 일했던 노동자 당사자나 현지인들은 일본군에게 학대받아 죽고 만인갱에 묻혔다고 증언한다. 텐두광산 노역자 중에는 조선인들도 있었고 대부분 인도, 베트남, 홍콩, 광둥 등에서 온 노동자와 동원된 현지인들이었다. 텐두광산 채굴 환경과 설비는 매우 열악했다. 채광용 소형 착암기가 전부였다. 광산 개발 초기에는 시설이 거의 없고 노역자들이 지하 300미터에 내려가 손으로 채굴한 철광을 어깨에 짊어지고 위로 올렸다. 나중에 벨트 운송설비가 추가되었지만, 여전히 인력 위주였다.

텐두광산 개발 초창기 모습.

 노동시간은 하루에 14시간, 노역자들은 열악한 환경에서 과도한 일을 했다. 지붕이 무너지고 담벼락이 망가진 집에서 대나무 껍질을 엮어 만든 판때기를 잠자리로 삼고 고구마, 옥수수, 호박죽을 먹으며 일했다. 할당된 일을 다 하지 못하면 밥을 굶고 벌을 받았다.

 일이 느리거나 병이 나면 게으름을 피운다고 매를 맞았다. 도망하다 잡히면 묶여서 맞고 정신을 잃으면 퍼붓는 물을 뒤집어쓰고 매를 맞았다. 텐두광산이 운영된 6년 동안 병사, 아사, 타살, 분사, 생매장, 총살 등으로 사망한 노동자는 1만 명 이상이었다.

톈두광산 노동자들이 혹형 받던 현장에 세워진 기념비.

　1958년 4월, 싼야 정부가 이곳에서 혹형을 당하며 죽어간 노동자들을 기리는 기념비를 세웠다. "日寇時期收迫害死亡工友紀念碑'(일제강점기, 박해를 받아 사망한 노동자 벗들을 기리는 기념비)"라고 쓰여있다.

여기에서 매를 맞아 죽은 사람들은 지척에 있는 만인갱에 던져졌다. 만인갱은 현재 저수지가 조성된 송허저수지(松和水庫)일대에 있었다. 지금은 저수지가 조성되어 물로 덮었지만, 당시 황량한 공터였다. 거기에 가로세로 8m, 깊이 3m 크기의 만인갱이라고 불리는 큰 구덩이가 있었다.

1958년 저수지를 조성하려고 땅을 얇게 팠는데도 대량의 유골과 노무자들이 입었던 노동복, 신발 등이 나왔다. 그때까지만 해도 텐두광산 노역자들이 학대받으며 죽어가는 현장을 목격한 생존자가 많았다. 이들이 나서서 텐두광산에 고용된 외국 노역자들의 물품과 복장이라는 것과 노역자들이 일본군으로부터 학대받아 죽고 소각된 장소임을 확인해 주었다.

Hainan Thousand People Pit

만인갱이 소재했던 송허저수지 일대 현재 모습

· 陳宏,「前事不忘, 以史爲監」,『鐵蹄下的腥風血雨』, 海南出版社, 1995.
· 黃懷興何敬國,「田獨萬人坑」,『鐵蹄下的腥風血雨』, 海南出版社, 1995.
· 金靜美,「일본점령하 중국 海南島에서의 강제노동」,『근현대 한일관계와 제일동포』, 서울대학교 출판부, 1999.

海南千人坑 *A Story of 1939-1945*

2. 인간 지옥 텐두광산

「인간지옥(人間地獄) 호구여생(虎口餘生) *호랑이 입에서 살아온 나날」 이란 문장은 텐두광산 개발 초창기부터 노동자로 투입된 여족 지야헤이(吉亞黑)와 등비이(鄧必義)가 진술한 이야기이다.

지야헤이와 등비이가 처음 텐두에 왔을 때 텐두촌 동남쪽 산 언덕배기 황량하고 널따란 공터에 대나무와 풀잎으로 엮은 막사 20개가 지어져 있었다. 막사 안에는 대나무로 엮은 2층 침대가 나란히 놓이고 한 막사에 200명씩 수용되었다. 노역자들은 대부분 조선, 홍콩, 인도에서 왔으며, 하이난 현지인이 제일 많았다.

먼저 철광석이 매장되었다고 확인된 자리에 말뚝을 박고 산을 불태웠다. 다 태우지 못한 나무뿌리들을 일일이 손으로 뽑아내고 산을 파서 철광을 캐기 시작했다. 캐낸 철광이 어느 정도 쌓이면 수레에 실어 운반했다.

노역자들은 하루에 12시간씩 일하고 막사로 돌아오면 주먹밥 두 개와 소금에 절인 곰팡이 핀 물고기를 반찬 삼아 식사했다. 먹어도 뱃속에서 "꼬르륵" 소리가 나는데 공사장 감독은 게으름을 피운다고 마구 두들겨 팼다. 워낙 많은 사람이 맞아서 몸이 성한 사람은 아무도 없었다.

등비이는 일하던 중 잠깐 허리를 폈다가 감독이 몽둥이로 허리를 내리쳐 피를 토하고 고꾸라져 정신을 잃었다. 현장에 있던 동료들은 감독이 무서워 감히 나서서 등비이를 일으켜 세우지 못하고 못 본 척 자기 일만 해야 했다. 정신을 차린 등비이는 혼자 엉금엉금 기어 막사로 돌아왔다. 일을 마치고 돌아오던 동료가 주워온 약초로 응급조치하고 다음 날 또 공사장으로 나갔다.

지야헤이는 채굴한 광석을 가득 실은 수레를 끌고 경사가 급한 언덕을 올라가는데 수레가 움직이지 않았다. 지켜보던 감독이 몽둥이로 두 종아리를 패서 그대로 고꾸라졌다. 이유 없이 걷어차이거나 매를 맞으면서 하는 노역이 일상이었다.

허기진 노동자들은 한 번 쓰러지면 일어나지 못했다. 일본군은 노동력 상실한 사람들을 황량한 곳으로 데려가 만인갱에 버렸다. 매일 수십 명씩 죽어 나갔다. 많을 때는 하루에 40~50명, 심지어 100여 명씩이나 죽었다.

만인갱에 시체가 쌓이면 기름을 부어 태웠다. 아직 생명이 붙어 있는 사람이 이글거리는 불 속에서 비명을 지르고 튀어나오면 감독은 이들을 다시 불 속으로 밀어 넣었다.

· 黃懷興何敬國, 「田獨萬人坑」, 『鐵蹄下的腥風血雨』, 海南出版社, 1995.
· 金勝一, 「중국 海南島에 강제연행된 한국인 귀환문제-조선 보국대를 중심으로」, 『한국근현대사연구』, 2003.

Hainan Thousand People Pit

산야시 정부가 세운 만인갱 기념비

海南千人坑 *A Story of 1939-1945*

하이난 천인갱

3부. 산뤄촌(三羅村) 천인갱(千人坑)

1. 조선인 천인갱을 폭로한 책
2. 남방 파견 보국대 하이난 출역
3. 수형자 2,300명 파견
4. 싼야 비행장 건설
5. 링수이현 군사시설
6. 스루(石碌)광산 철광 채굴
7. 스루-바쉬 구간 철도 건설
8. 학살 시기
9. 현장 감독 장달웅씨의 제보
10. 기슈광산의 진실을 밝히는 모임'
11. 생존자 증언
12. 천인갱 묘역화
13. 신우농업종합개발유한공사 투자
14. 충북대학교 중원 문화연구소 유해 발굴
15. 난관에 봉착한 천인갱 기념화

1. 조선인 천인갱을 폭로한 책

 싼야시 지양구(吉陽區) 산뤄촌(山羅村)은 원래 지역명도 없고 소수민족 몇 가구가 드문드문 사는 언덕배기였다. 싼야시 재판관이었으며 지역사를 조사하던 학자 양제천(羊杰臣)은 "일본군이 조선 동포를 잡아 와 난딩촌 부근 산언덕에 구덩이를 파게 하고 조선동포 1,000여 명을 죽여 흙 속에 묻어" 천인갱이 생겼다고 한다. 그래서 현지인들은 희생한 조선인을 기리며 줄곧 "조선 촌"이라고 명명하다가 1975년 산뤄촌 이라는 행정명이 생겼다.

Hainan Thousand People Pit

『鐵蹄下的腥風血雨』표지

 이러한 사실은 1995년 하이난성 전국인민정치협상회 문사자료 편찬위원회가 항일전쟁 승리 50주년을 맞이하여 출판한 『鐵蹄下的腥風血雨 *철 발굽 아래 피바람』을 통해서 밝혀졌다. 『鐵蹄下的腥風血雨』는 일제가 하이난을 점령한 6년 동안 하이난에서 저지른 만행을 폭로하는 내용을 담고 있다. 이 책을 출판하기 위해 편집위원들은 일제의 만행을 직접 체험하거나 경험한 싼야시 민간인 중 70세 이상 노인 50여 명을 찾아다니며 그들의 구술을 토대로 자료를 참고하여 책을 엮었다. 자료에는 난딩 천인갱에 묻힌 1,300여 명은 모두 한인이라는 상황조사표도 수록했다.

海南千人坑 A Story of 1939-1945

2. 남방 파견 보국대 하이난 출역

양제천(羊杰臣)은 "야현(崖縣) *현재의 싼야시(三亚市) 경내에서 온갖 악랄한 일을 저지르며 한 시대를 휘어잡던 일본군은 비통함에 빠지게 되었다. 그들은 항복 명령을 기다리는 동안 조선 젊은이들로 하여금 난딩촌(南丁村) 부근 산기슭에 지하동굴을 파게 해서 군수물자를 숨겼는데 이 조선인 천여 명은 죽임을 당하고 난딩촌 산언덕 흙구덩이에 매장되어 오늘까지 난딩 천인갱 유적지가 있다." 라고 기록했다. 죽임을 당한 젊은이는 해방 후 귀국선을 탈 수 없도록 몸이 망가진 조선 보국대 사람들이다.

보국대(報國隊)는 일제가 전쟁을 확장하면서 수형자들을 외역 작업에 강제적으로 투입할 때 사용하는 용어이다. 1943년 8월 31일부로 조선총독부 법무국장이 조선의 각 형무소장에게 '남방 파견 보국대'라고 명칭을 통일하라는 지시가 있은 후부터 이 명칭이 사용되었다. 하이난에 파견된 남방 보국대는 일본 해군이 요청하여 결성되었다. 조선총독부 법무국 행형과(行刑科) 검사 겸 사무관 토마 타타아키(藤間忠顯)은 '회고와 전망'이라는 글에 조선 보국대 결성에 대해 다음과 같이 말했다. "먼저 꼽을 것은 남방 파견 보국대의 결성이다. 금년 봄 3월에 제국 해군의 요청에 기반하여 아무개 섬의 긴급한 아무개 공사 등에 취로 시키기 위해 조선 내 수형자 얼마를 동원했다. 대체로 조선행형제의 일찍이 없었던 성대한 일이다. 조선의 남방 진출은 행형에 있어 그 시작이라고 말해도 감히 과언이 아니라고 할 수 있다."

Hainan Thousand People Pit

2018년 하이난성(海南省) 산야시(三亞市) 산뤄촌(三羅村) 천인갱 전경

　개전 초기 승승장구하던 일본군은 1942년 6월, 미드웨이 해전에서 미군에게 크게 패하면서부터 고전을 면치 못했다. 그해 11월 미, 영, 중 수뇌들이 카이로 회담에서 향후 일본에 대한 대일전쟁 방침을 결정했다. 1943년 2월부터 연합군이 일본군 반격을 시작했다. 그해 9월, 미·영 연합군의 반격으로 이탈리아가 항복하고 1944년 6월, 연합군이 노르망디에 상륙해서 8월에 파리를 탈환하였다. 독일도 항복했다.

일본의 패망이 다가올 무렵, 주요 물자 수입이 점점 어려워지고 일본 영토 내에서 자급도 한계가 있는지라 자국에 필요한 물자를 가급적 하이난에서 최대한 보급하려고 본격적인 약탈을 시작했다. 조선총독부 법무국 월간 잡지 『행형(行刑)』은 조선 보국대 강제동원의 배경에 대해 다음과 같이 말한다.

"하이난섬 철광 기업 및 군사시설 조정을 위해 다량의 노무가 필요하여 섬 안의 사람, 대만, 남중국의 노무 인력을 중점적으로 배치하였으나 부족한 상황이다. 조선에 있는 형무소의 수용인원은 이미 포화상태에 이르러 수용 여력이 없는 상황에 비추어 조선총독부 수형자 일부를 이 섬에 출역시켜 노무에 충당시키고자 한다." 침략야욕에 불타던 일제는 소위 대동아전쟁*태평양전쟁 전시체제 아래에서 하이난 자원을 약탈하는 노동력을 보충하기 위해 조선의 수형자를 동원한 것이다. 이들로 하여금 하이난의 철도, 항만, 댐, 도로를 건설하고 철광을 채굴하는 일을 시키고 형기가 만료되면 석방하기로 조선총독부와 협의했다.

 남방파견 보국대 동원과 관련된 문건은 1943년 4월에 일본 각의에서 결정한 '조선총독부 수형자 하이난섬 출역에 동반한 감독 직원 등 증원에 관한 건'이다. 1943년 4월 12일, 조선총독부 수형자를 하이난섬에 출역시키고 동반할 감독 직원 등 증원에 관한 안건이 내무대신 유자와 미치오(湯澤三千男), 내각총리대신 도조히데키(東條英機) 앞으로 통지되어 각의에서 공식 논의되었다.

이는 조선총독부 수형자 2천 명을 하이난섬으로 보내 노역시키겠다는 사실을 명시하고 있다.

"지금 국가가 총력을 다해 전력을 증강하여 미국과 영국을 격멸하기 위해 매진하는 때인데 전시 행형의 진가를 유감없이 발휘하여 재소자로 하여금 황은의 만 분지 일이라도 보답하기 위한 가열한 결전에 들어가게 하고자 오늘의 조치가 있게 되었다.

"출역자 수는 전체 약 2천 명으로서 4월에 2백 명, 5월에 8백 명, 6월에 1천 명을 광석선으로 송출할 예정이며 출역 기간은 1년으로 하되 필요하면 그 기간을 연장할 수 있다" 수형자 관리는 조선총독부에서 임명하되 필요한 경우 하이난 경비부의 협력받도록 한다고 규정했다.

· 吉亞黑鄧必義口述, 潘先火咢陈运宏整理, 「人间地狱户口余生」, 『鐵蹄下的腥風血雨』, 海南出版社, 1995.
· 金靜美, 「일본점령하 중국 海南島에서의 강제노동」, 『근현대 한일관계와 제일동포』, 서울대학교 출판부, 1999.

3. 수형자 2,300명 파견

1943년 3월 30일부터 1944년까지 8차에 걸쳐 경성 형무소, 평양, 광주, 대구 등 조선 각지 형무소에서 수형자 2,300여 명을 선발해 하이난섬으로 파견했다. '남방 파견 보국대'라고도 하며 타이완, 홍콩 등지의 노무자와 구별하여 '조선 보국대'라고도 한다.

보국대에는 수형자뿐 아니라 판임관 대우를 받고 대장이나 반장 역할을 하는 형무소 직원도 포함되었다. 이들은 쌀밥을 먹고 휴일에 놀러 다니며 월급 받아 예금도 하고 집에 송금하는 등 수형자와는 신분이 전혀 다른 생활을 한 군무원이다. 형무소 전옥보, 간수. 의사, 약제사 등 243명이 군무원으로 포함되었는데 그 중 조선인은 87명이었으며 이들은 경성형무소 소속으로 출장 명의로 파견하고 현지에 도착해서 '해군 촉탁' 신분을 겸했다. 일제 패망 후 조선인 군속 52명이 생존해 있었다.

1943년 봄부터 한국의 각 형무소 수감자 중에서 하이난으로 파송할 대원을 선발했다. 선정기준은 '잔여 형기가 1년 6개월 이상 3년 미만 인자', '나이 20세 이상 40세 미만자', '선동성, 과격성, 광폭성이 없는 자', '사상범 및 이에 준하는 죄질이 없는 자', '신체 건강하여 외역 토공 작업에 적합한 자'로써 바깥에서 토목이나 공사 작업에 적합한 자를 뽑았으며 위장이나 호흡기가 약하고 비만한 사람은 제외되었다.

엄정한 선발기준을 통과하여 선정된 수감자들은 출발 전, 일장기가 새겨진 완장을 차고 군대식 연성 훈련을 받았다. 민족적 저항을 하지 않고 일본을 위해 싸우며 상관에게 절대복종하도록 심신을 단련하는 교육이다.

 수형자들은 일반적 형무 작업을 수행하는 것과는 또 다른 분투 정신을 발휘하도록 강요받았다. 하이난으로 출발하기 전 연성 훈련을 통해 시국을 인식하고 괴롭고 부족한 것을 견뎌내면서 왕성하게 작업하는 데 필요한 정신을 발휘하라는 연성 교육을 받았다. 연성 교육 기간은 극히 짧으나 단시간에 최대의 효과를 내어야 하는 실정인지라 무리한 단기 교육이 진행되었다.

 보국대 2차 파견 시 검열식에서 조선총독부 법무국장 하야다 후쿠조(早田福蔵)은 "제군 한 사람 한 사람이 일본 정신을 견지할 것, 즉 일체를 대군(大君)에 바치는 마음가짐을 바라는 바이다"라고 훈시했다.

수감자들은 일제가 제시한 '형기 단축'이라는 조건만 믿고 어디로 끌려가는지도 모른 채 배를 탔다. 평양에서 세탁소 일을 하며 극장 홍보 깃발을 들고 다니던 고복남 씨는 친구 3명과 길을 가다 일본 순경과 시비가 붙어 '폭행 상해 치사죄'로 평양 형무소에 수감되었다. 형무소 생활 중 일본인 간수가 와서 하이난에 가면 형량을 감해 주고 6개월 단위로 교대시켜 준다는 소리가 있어서 조선 보국대라는 완장을 팔에 차고 각지 형무소 죄수 약 800명과 부산항에서 배를 탔다.

1943년 3월 30일, 제1차 남방 파견 보국대가 경성에서 출발했다. 5월 19일, 제2차 남방 파견 보국대가 출발했다. 이들은 경성형무소, 서대문형무소, 평양형무소, 신의주형무소, 지남포형무소 5개 형무소 수형자들이다. 제3차 남방파견 보국대는 해주, 대구, 대전, 청주, 광주, 원산 등 13개 형무소에서 선발 징집된 자들이다. 제7차 남방 파견 보국대가 출행함으로써 최초 예정 인원이 모두 나갔다는 기록이 있다.

1944년 2월 15일, 조선총독부 법무국 행형과장 코바야시 나가조(小林長藏)은 '제8차 남방파견 보국대'를 근일 중에 보낼 예정이라고 말한 것으로 보아 일제의 조선 보국대 파견은 당초 예정한 숫자보다 더 많이 보내고자 했음을 알 수 있다.

조선총독부는 1943년 3월 30일부터 1944년 8월까지 8차에 걸쳐 조선 전체 수형자 1할에 상당하는 2,300명을 하이난으로 파견했다. 1943년 12월 조선총독부 법무국 문서에 의하면 "하이난섬 출역 인원은 싼야, 닝수이 해군 시설공사에 1,500명, 스루 일본 질소 철광 채굴작업에 500명, 모두 2,000명이 있다고 기록하고 있다.

· 金靜美,「일본점령하 중국 海南島에서의 강제노동」,『근현대 한일관계와 재일동포』,서울대학교 출판부,1999.

4. 싼야 비행장 건설

 1943년 4월 17일, 제1중대 200~250명이 위린에서 하이난 해군 시설부 소속으로 싼야 비행장 건설에 투입되었다. 이어 그해 여름, 제3중대, 제4중대, 제5중대가 도착하여 비행장 공사에 합류했다. 공사는 기계 없이 곡괭이와 삽으로 흙을 파내고 끌차로 운반하는 인해전술식 공사였다.

 비행장 건설 공사 중 연합군이 첫 공습을 했다. 노역자들이 개미 떼처럼 사방으로 흩어졌지만, 도주자는 없었다. 간수나 직원들은 눈에 잘 띄는 흰옷을 입었는데 미군 첫 공습 이후 눈에 잘 띄지 않는 색으로 염색했다.

남방 보국대는 일반인 노무자와 달리 죄수 신분이었기 때문에 외역장에서 참혹하게 인권을 유린당하고 비참한 처우를 받았다. 비공식 자료에 따르면 1943년 8월경, 한 현지인이 싼야 비행장 건설장에서 감독이 조선인을 학대하는 현장을 목격했다. "남색 옷을 입은 조선인 200여 명이 비행장 건설장에서 노역했는데 후에 약 천여 명이나 되었다. 조선 사람들은 밥을 조금밖에 먹지 못했다. 뭘 먹는지 볼 수는 없었고 불쌍해서 고구마 같은 것을 줬는데 주는 것을 감독에게 들키면 못 주게 했다. 조선 사람들은 1년 이상 여기에 있으면서 비행장을 거의 완성할 때까지 일했고, 한쪽으로 수로도 팠다. 관리인은 흰 군복을 입었고 숙소는 임시로 천 같은 것으로 둘렀다. 비행장 공사 중 일을 안 하거나, 간수가 좋게 생각하지 않는 사람들은 조용히 끌려 나가 멀리 산언덕에 묻혔다."고 증언했다.

홍콩 노동자 마린(馬林)은 조선 보국대와 함께 위린(榆林) 항구에서 일했다. 조선인들은 등에 '조선 보국대'라고 쓰여 있는 소매가 없는 윗도리와 통이 넓고 긴 바지를 입었다. 위린항에서 언덕을 내려가면 큰 벽돌공장이 있었는데 조선 보국대 사람들이 벽돌을 느리게 운반하거나 복종을 안 하면 일본군에게 얻어맞아 죽었고 위린항의 중산로(中山路)도 조선 보국대가 건설했다고 증언했다.

· 金靜美, 「일본점령하 중국 海南島에서의 강제노동」, 『근현대 한일관계와 제일동포』, 서울대학교 출판부, 1999.

5. 링수이현 군사시설

1943년 11월, 싼야 비행장에서 노동하던 제1중대와 제3중대가 링수이(陵水)군사시설로 이동했다. 링수이는 하이난섬 북부 구릉지대와 남부 평원 지대가 교차하는 지역으로 시야가 확 트여서 군사 동향을 살피기에 적합해 많은 군사기지가 설립되었다.

링수이 난완링(南灣嶺) 서쪽, 나무가 빽빽한 산 아래에 넓이 4m, 높이 3m, 길이 80m의 동굴 두 개가 있는데 폭탄을 가득 실은 쾌속정 30척을 숨긴 군사시설이다. 연합군이 접근하면 결사대들이 숨겨 놓은 쾌속정을 타고 하이커우(海口)까지 가서 전쟁하기 위해 설치한 시설이다. 남방 보국대 제3중대 등 1,500여 명이 링수이 여러 군사시설 건설에 동원되어 약 1년간 공사를 했다. 조선 보국대 사람들은 남색 옷을 입어 '남의대'라고도 불렸으며 일부 숙소에는 '조선 보국대'라는 간판이 걸려 있었다.

링수이 산차이진(三才鎭) 호우스촌(后石村) 비행장 건설 공사장에도 조선인이 있었다. "노동자들의 생활은 아주 비참했다. 공사 중 많은 노동자가 심하게 매를 맞고 몸이 상했다. 말라리아에 걸린 사람도 작업 현장에 나가야 했고 동작이 느리면 지독히도 맞았다. 병에 걸리거나 몸을 다쳐 일을 할 수 없는 사람들은 끌려 나가 매장당하거나 불에 태워졌다."

Hainan Thousand People Pit

닝수이 해변 전경

비공식 자료에 의하면 조선인은 남색 옷을 입고 밥 먹을 때도 무릎을 꿇고 먹었다. 늦게까지 일하고 숙소는 초가집 같은 것이었다. 관리인은 이들을 때릴 때 손에 잡히는 대로 막무가내로 때렸다."고 현장을 목격한 현지인이 증언했다.

· KBS다큐멘터리「해남도에 묻힌 조선 혼」, 1998.8.31.
· 王闌文等4名口述, 鄭月大等 4名整理,「日军爲修建后石军用机场制造的血案」,『鐵蹄下的腥風血雨』, 1995.
· 金勝一,「중국 海南島에 강제연행된 한국인 귀환문제-조선 보국대를 중심으로」,『한국근현대사연구』, 2003.

6. 스루(石碌)광산 철광 채굴

한국에서 수력발전소와 비료공장을 경영하던 일본 질소비료주식회사가 하이난 자원을 조사하다가 고서(古書)에서 스루 지역에 유명한 광맥이 있다는 기록을 찾아냈다. 스루의 무성한 산림을 벌목하고 조사하니 철 광맥 면적 $60km^2$, 매장량은 3.2억 톤이나 되는데 철함량이 60% 이상인 양질의 철광이었다.

일본 질소비료주식회사는 3년 이내에 스루의 모든 철광 채굴을 완료한다는 계획을 세우고 하이난 싼야시에 일질해남흥업주식회사(日窒海南興業株式會社)를 설립하고 1942년 1월부터 채광 작업을 시작했다.

1943년 12월, 남방 보국대가 스루광산에 투입되기 전에도 스루광산에 한인 113명이 노역을 하고 있었다. 이들은 홍콩, 광둥, 등지에서 모집된 노무자 4만여 명과 하이난에 온 것으로 추정된다. 일본 질소회사에서 모집한 노무자 4만여 명은 스루광산에 18,000명, 광물 운반에 3,000명, 바쉬항(八所港) 건설에 17,000명, 동방東方수력발전소 건설장에서 2,000이 동원되었다.

Hainan Thousand People Pit

스루 도로 안내 표지판

　스루는 풍토병이 심하고 특히 악성 말라리아가 기승을 부렸다. 의약품도 부족했지만, 노역자들이 일단 전염병에 걸리면 위생을 담당한 일본군이 이들을 격리하고 주사를 놓았다. 겉으로 보면 치료하는 것처럼 보이지만 사실은 공기 주사를 놓아 죽이는 것이었다.

항일지원 대원 중국인 장우산(張武山)이 사실을 확인하기 위해 1942년 가을 스루광산에 노동자로 위장해 잠입했다. 실제 일본군이 전염병에 걸린 노동자를 불태우는 장면을 목격했다.

"그뿐 아니라 자신들에게 콜레라가 전염되는 것을 막기 위해 감염된 노동자를 발견하면 그 생사를 불문하고 끌고 가서 불에 태웠다. 사망자나 환자를 불태우기 전에 한곳에 모아 놓고 호수로 소독약을 뿌렸는데 파리 한 마리도 살 수 없을 정도로 소독했다. 소독이 끝나면 온몸에 검은 기름(아스팔트 기름)을 바른 후 불 속에 집어넣었다. 아직 숨이 끊어지지 않은 사람들은 고통을 못 이겨 불 속에서 데굴데굴 굴러 나왔으며, 일본군 감독은 그들을 다시 불 속으로 집어 넣었다."

1943년 9월, 하이난에 도착한 조선 보국대 제4중대와 제5중대는 곧바로 스루광산 채광 작업에 투입되었다. 스루광산 서송조(西松組)로 일했던 장달웅씨의 말에 의하면 "그들은 일체 외출을 할 수 없었다. 철조망이 둘러쳐진 곳에 처넣어져 있었고 군인들이 보초를 섰다. 일이 있어 나갈 때도 군인이 붙어 다녔다" 라고 했는데 조선 보국대가 삼엄한 감시하에 노역했다는 것을 알 수 있다.

· KBS다큐멘터리,「해남도에 묻힌 조선혼」, 1998.8.31.
· 王闡文等4名口述, 鄭月大等4名整理,「日军爲修建后石军用机场制造的血案」,『鐵蹄下的腥風血雨』, 1995.
· 金靜美,「일본점령하 중국 海南島에서의 강제노동」,『근현대 한일관계와 재일동포』, 서울대학교 출판부, 1999.

7. 스루-바쉐 구간 철도 건설

태평양전쟁이 4년이나 계속되고 전세도 일본에 불리해졌다. 무기를 제조하는 철광이 절실히 필요한 시기인지라 스루에서 철광을 채굴하면 곧바로 일본으로 반출하기 위해 철로를 개통했다. 스루광산 중턱에서 바쉐(八所)까지 철도건설, 바쉐항만(八所港灣) 건설, 바쉐 발전소 건설, 이 세 가지 공사는 동시에 진행되었다.

1944년 1월에 제7중대가, 봄에는 제8중대가 스루광산에 투입되었다. 5월, 하이난에 도착한 남방 보국대 제2중대는 스루-바쉐 구간 철도건설 공사에 투입되었다. 스루-바쉐 철도가 개통되고 스루에서 채굴한 철광은 철로를 이용해 신속히 바쉐로 운반하고 바쉐항만에서 적재해 일본으로 운송했다.

바쉐항만은 휑한 바닷가 모래밭에 건설되었다. 노역자들의 숙소는 임시로 천을 두르거나 야자나무의 긴 잎사귀로 두른 막사가 전부였다. 한 막사에 40~50명씩 몰아넣어졌다. 식사도 처음에는 그럭저럭 세 끼니를 주었으나 때로는 하루에 두 끼, 혹은 잡곡밥 한 공기가 전부였다.

Hainan Thousand People Pit

1942년 4월, 스루 - 바쉬 구간 철도 개통식 경축 행사

海南千人坑 *A Story of 1939-1945*

조선 보국대는 바쉬항만 건설에는 동원되지 않았지만 일본 감독들은 바쉬항만 건설 공사장에서도 갖은 잔인한 방법으로 노역자들을 학대하며 일을 시켰다. 전기 고문을 시키거나 뜨거운 물을 퍼붓기도 하고 사나운 개를 풀어놓아 물어뜯게도 하였다.

바쉬항만을 건설하면서 맞아 죽고, 굶어 죽고, 병들어 죽은 중국 사람들은 자그마치 2만 명을 웃돌았다. 처음에는 죽은 사람들을 마른 풀더미 위에 올려놓고 태웠으나 숫자가 점점 많아지자 바쉬항에서 1km 정도 떨어진 모래 언덕에 큰 구덩이를 파고 나무 위에 시체, 시체 위에 나무를 층층이 쌓아 한꺼번에 태웠다.

동팡시(東方市)바쉬항만 만인갱 기념비에 새겨진 조각.

1943년 11월, 조선총독부 법무국 행형과 검사 겸 사무관 토마 타타아키(藤間忠顯)은 하이난을 시찰하고 다음과 같은 글을 남겼다. "출역하고 있는 곳은 현재 삼아지구와 석록지구 2개소이다. 삼아에 00명, 석록에 00명, 삼아에서는 00공사, 석록에서는 철광채굴을 하고 있다". "대원들은 아침에 일어나 점검 후 식사가 끝나면 동시에 조례를 하여 황국신민의 맹세(誓詞)를 함께 낭송하고 부대장의 훈시를 받는다 …… 작업장으로 나간다 …… 현장에 가게 되면 거의 벌거숭이가 된다. 잠방이 하나 걸치고 맨발로 새까매진 몸으로 감투하고 있다. 최근에는 관통하는 공사 때문에 휴일도 축하 날도 없다. 가끔 도주사고를 야기시키고 있어 관계방면으로부터 심한 말을 듣고 있기는 하지만 …… 최근 조선 내에 있어서 다수의 병자와 사망자를 내고 있는데, 특히 기후풍토가 다른 현지에서 다소 증가추세를 보이는 것은 당연하다 …… "나는 해남도에서 본 보국대 결성을 계기로 몇천 정보의 경작지를 갖는 조선 제일의 형무소가 출현할 것을 꿈꾸고 있다." 라고 썼다. 토마 타타아키의 궁극적인 목적은 해남도를 조선 형무소로 확대하는 것이었다.

· 張武山, 「日軍焚燒勞工目擊記」, 『海南文史』, 海南出版社, 2005.
· 金靜美, 「일본점령하 중국 海南島에서의 강제노동」, 『근현대 한일관계와 재일동포』, 서울대학교 출판부, 1999.

Hainan Thousand People Pit

현 바쉐 항만 일대 전경

海南千人坑 *A Story of 1939-1945*

8. 학살 시기

1945년 봄부터 일본행 배편이 끊기고 경성 형무소와도 연락이 두절되었다. 시설부에서 보내는 배급의 질이 떨어져 조선 보국대 사람들은 영양실조에 걸렸다. 나뭇잎과 풀뿌리를 먹으며 목숨을 유지하고 고된 일을 하니 병 들거나 죽는 사람들이 속속 속출했다.

일본군이 조선 보국대 사람들 중 귀국을 할 수 없을 정도로 몸이 망가진 사람들을 집단으로 죽였다는 사실을 배제할 수 없다. 일본군은 공사장을 설계할 때 죽거나 노동력을 상실한 사람들을 위한 소각장을 미리 설치하고 때로는 용광로를 마련해 처리했기 때문이다. 이런 실례는 적지 않게 폭로되고 있다. 1944년 가을, 난통(南通)촌에서도 노동자들이 큰 구덩이 4개를 파고 장작을 주워 왔다. 일본군은 도망하다가 잡혀 온 사람들을 한 구덩이에 2~30명씩 넣고 기름을 붓고 불을 질렀는데 시신은 이틀간 불타고 유해만 남기고 꺼졌다고 한다.

남방 보국대의 집단 학살 시기는 일본이 정식 투항을 했으나 아직 공식적인 투항 의식이 진행되기 전, 중국이 하이난을 통치한다는 발표가 있기 전에 학살당했다. 일본군이 하이난에서 항복 명령을 기다리는 시간이었다.

연합군의 반격을 받은 하이난의 일본군은 1944년 여름부터 싼야, 위린(榆林)에 보관하던 대량의 군용물자를 석원(石原), 삼릉(三菱), 본전(本田) 등 일본 민간기업 자동차 수백 대를 동원해서 거의 반 달 동안 난린(南林) 등 깊은 산속 오지로 운반해서 숨겼다.

1945년 6월부터 해안에 있던 일본의 군사 시설들은 미군의 상륙을 예상하여 상대적으로 안전한 오지로 이동했다. 하이난 각 지역에 건설하던 비행장 공사가 멈춰지고 항공대 훈련기지도 해산되었다. 뱃길이 끊겨 채굴한 철광도 일본으로 운송할 수 없게 되었다. 현지 시찰하러 온 조선총독부의 사무관 토마 타타아키도 배를 타지 못하고 군용기를 타고 돌아갔다.

스루광산과 닝수이 해군시설에 있던 남방 보국대 1,500명은 싼야 비행장으로 합류하여 해안선 축성공사를 했다. 1945년에 들어 매일 미군의 기관총 공격이 있어 공사가 곤란해졌다. 6월 이후에는 연합군의 상륙을 예상하여 해안에 있던 군사시설을 옮겼다. 남방 보국대 전원도 싼야에서 북쪽으로 10km 떨어진 리즈구(黎枝區) 난딩촌으로 이주하고 현 리즈구소학교에 집중영을 설치했다.

난딩촌으로 들어올 때까지만 해도 남방 보국대 대원들의 건강 상태는 비교적 좋았다. 한 소대가 하이난 경비사령부의 보호 아래 리즈구보다 더 오지인 바오팅(保亭) 난린(南林)에 가서 천막생활을 하면서 험준한 산을 깎아 도로 공사를 하고 돌아왔다.

1945년 봄부터는 일본은행 유림지점으로부터 오던 남방 보국 대원의 식비와 경상비가 끊겼다. 일본 군표 가치가 하락해 음식을 구할 수도 없었다. 시설부에서 보내는 배급도 질이 떨어지고 대원들은 영양실조에 걸렸다. 피복, 의료 자재와 약품 등 보급 자체가 모두 중단되고 물자가 바닥났다.

일제 투항 전까지 하이난섬은
연합군의 폭격을 받았다.  (Hainan Island) Bombing

Hainan Island base and main Jap supply center for the South China Sea. Consolidated B-24 Liberators dropped tons of bombs destroying six revetted fuel storages and six barracks, severly damaging five more barracks

하이난 섬 기지는 남중국해의 주요 일본 보급 센터였다. 콘솔리데이티드 B-24 리버레이터 폭격기가 수 톤의 폭탄을 투하하여, 6개의 방호된 연료 저장소와 6개의 막사를 파괴하고 5개의 막사를 심각하게 훼손시켰다.

· National Archives Identifier 204835409
· National Archives Identifier 204835399
· National Archives Identifier 204835403

일제는 패전 후 일본이 항복한 사실을 곧바로 남방 보국대 사람들에게 알리지 않았다. 일제 강점기 하이난의 행정구역은 광둥성 소속이었다. 일본 천황은 8월 15일 정식 항복을 발표했지만, 광저우에서의 일본군 투항 의식은 한 달이 지난 9월 16일 중산기념당에서 거행되었다. 그리고 또 한 달 후에 장제스(蔣介石, 1887~1975)의 제46군 군장 한롄청(韓鍊成 1909~1984)이 군대를 인솔하고 하이난에 와서 일본군으로부터 정식 투항을 접수했다. 하이난의 일반 민중들은 10월이 지나고 비로소 일본이 투항했다는 소식을 알게 되었다.

Hainan Thousand People Pit

A Japanese delegation, headed by Foreign Minister Mamoru Shigemitsu and General Yoshijiro Umezu, arrive at the U.S.S. Missouri in Tokyo Bay to sign the surrender of Japan.

일본 외무대신 시게미쓰 마모루와 우메즈 요시지로 장군이 이끄는 일본 대표단이 일본의 항복 문서를 서명하기 위해 도쿄만의 USS 미주리호에 도착하다.

· National Archives Identifier 350290477
· National Archives Identifier 74240336

海南千人坑 *A Story of 1939-1945*

129

오랫동안 먹지 못해 영양실조에 걸리고 자신을 몸을 추스릴 수 없는 사람들을 귀환시키는 것은 현실적으로 불가능한 일이었다. 남방 보국대 사람들은 일본군이 정식 투항을 기다리는 동안, 무기와 군용품을 숨길 동굴뿐 아니라 자신들이 묻힐 구덩이도 팠다.

조선 보국대 본부 서무주임이었던 의립일(衣立一) 간수장이 쓴 '하이난섬 파견 조선 보국대 시말기'에 의하면 그가 1945년 10월 26일, 하이난경비부에 간청해서 해군성을 통해 조선총독부 법무국 잔무정리 사무실에 대원의 처우, 직원의 신분 등에 대해 훈시해 줄 것을 타전했으나, 상대 무전국이 받았다는 회신 외에 더 이상 답전이 없어서 결국 조선 보국대는 남해 고도에 격리되는 상황에 처했다고 회고했다. 조선 보국대가 학살된 시기는 1945년 10월 26일 이후임을 알 수 있다.

'하이난지구 종전 처리 개요 및 현상 보고' 도표에는 1946년 4월에 귀환한 조선인은 1,620명이다. 종전 당시, 중국 오계남(奧桂南, 광둥,구이린 남부) 지역 총지휘부 명령 제10호에는 움직일 수 있는 조선 사람들을 집합시켰다.

1945년 10월경 하이난에 있던 일본 해군은 49,400명, 거류민은 5,800명인데 이들은 대부분 1946년 4월까지 하이난섬에 있었다. 하이난섬에 강제 연행된 조선 보국대 중 가석방자는 103명이다.

1946년 3월 1일경, 통계에 잡힌 조선적 거류민은 959명이다. 조선 보국대에 속한 자는 658명이며 이들은 형무소에서 끌려온 수형자로 판단되며 패전 시까지 노역 현장에 생존해 있다가 생환자 통계에 들어간 것으로 추정한다. 그 가운데 형무소 직원인 군무원은 52명이다.

11월 중순, 일본 제16군 방비사령부가 위린에서 배를 타고 동경으로 돌아갔다. 하이커우의 한인들은 1946년 4월 1일부터 5월 1일까지 1,500여 명이 귀환했다. 조선 총독부 자료에 의하면 하이난으로 파견된 보국 대원 2천명 중 가석방된 103명, 귀국선을 탄 600여 명 만이 한국으로 돌아왔다. 나머지 천여 명은 귀국하지 못했다. 천인갱에 매장된 1,300여 명은 남방 보국대 파송인원 중 귀국을 할 수 없을 만큼 병들고 자력을 잃은 사람들임을 알 수 있다.

KBS가 방영한 다큐멘터리 「해남도에 묻힌 조선 혼」에서 증언하는 현지인 푸야룬(符亞輪)은 천인갱에 묻힌 1천여 명은 모두 조선인이라고 한다. 일본인 4~500명이 먼저 난딩에 와서 4년 정도 있었고 그 후 조선 사람 1,500여 명이 와서 현지 소학교 위치에 설치한 집중영에 주둔했다. 조선인은 남색 옷을 입고 게다처럼 생긴 것을 신고 동굴을 파고 나무를 베고 길 닦는 일을 했는데 일을 잘 하지 않거나 감독의 눈에 벗어나면 감독은 그들을 끌어내 엄지발가락만 한 굵은 밧줄로 묶어 나무에 매달아 놓고 빙 둘러서서 이쪽저쪽에서 돌아가며 때려죽였다고 했다.

조선인들이 빵이나 밥 먹는 것을 보지 못했고 베이지 차오라는 풀을 먹었다. 간혹 지나가는 현지인 여족들을 만나 물을 얻으면 엎드려서 마시고 흙을 덮어 물 마신 흔적까지 지웠다고 한다.

대원들은 조선형무소에서 엄선되었기 때문에 심신이 우수하여 처음에는 도주하는 자가 없었다. 그런데 귀환선이 끊기자 1944년 가을부터 중국대륙으로 가면 조선으로 돌아갈 수 있다는 확신이 생겨 도망가는 사람들이 나왔다.

도망가다 붙잡힌 사람이나 힘이 없어 일을 잘하지 못하는 사람은 손이 뒤로 묶여 맞았다. 매일 5~6명이 맞아 죽었다. 죽은 사람은 모두 현 천인갱 자리에 묻었다. 땅을 파서 묻는 게 아니라 한쪽에서 파서 묻고 그 판 자리에 다시 묻고 이런 식으로 묻었다." 그들을 매장하는 사람도 조선인들이었다.

마지막까지 남아 있던 조선인 백여 명은 일본군과 함께 사라졌다. 현지인 저우야시(周亞細)도 조선인들이 나무에 매달려 맞는 현장을 목격했다. 나무상자에 사람을 넣고 휘발유를 뿌려 태울 때 "아", "아"하는 소리도 들었다고 한다. 조선인들은 주로 길 닦는 일을 했는데 광주리에 돌을 너무 많이 담아 나르지 못하면 감독한테 매를 맞았다고 증언했다.

조선인들은 밤에는 불을 켜놓고 마음대로 돌아다닐 수 없어 기름심지를 켜놓았다. 저녁 점호시간에 사람이 없으면 그 사람은 다음 날 일을 나가지 못하고 매달려서 맞았다. 밤에 배가 고파 먹을 것을 찾아 몰래 마을로 나간 것이다. 이들은 돼지 먹이 같은 것을 만들어 먹었는데 그런 것도 하루에 한 그릇만 먹으니 배가 고파 게나 뱀 같은 것도 잡아먹었다.

저우야시는 정수리에 긴 못을 박아서 죽이는 것도 여섯 차례나 보았다. 참수된 머릿살 껍질을 벗긴 채 길에 나열해 놓은 것도 본 적이 있는데 칼이나 총보다 몽둥이로 때려죽이는 게 많았다고 한다. 병에 걸려 죽거나 설사하다가 죽는 등 사람이 죽으면 지금의 천인갱에 묻었다.

해방 후 생존해서 귀국한 하이난 보국 대원 송용운 씨는 난딩촌에 갔다가 돌아온 사람은 몇 명 되지 않는다고 증언했다. 그와 함께 난딩에 간 150명은 거의 다 죽었다. 휘발유 드럼통을 산속 여기저기에 엄청나게 많이 쌓아 올렸다. 보이지 않는 곳에 저장하였다. 이 일을 한 사람은 모두가 조선인이었는데 이들 모두가 보이지를 않았다. 일본군은 사람을 죽이는 장면을 보여주었다. 지면을 크게 파고 그 구덩이 주변에 죽일 사람을 꿇어앉혀 놓고 머리를 밑으로 내리게 했다. 그리고 일본인이 일본도로 머리를 자르면 목 쪽이 완전히 잘리지 않고 매달려 있어서 머리가 떨어지는 충격으로 신체도 구덩이로 떨어졌다. 개죽음보다 더 지독했으며 시체는 나무와 나무 사이에 쌓아 올려져 휘발유를 뿌려 태워졌다.

Hainan Thousand People Pit

2001년 1월 발굴된 정수리에 구멍이 뚫린 유해.

· KBS다큐멘터리「해남도에 묻힌 조선 혼」, 1998. 8. 31.
· (재인용) 김정미씨가 장달웅씨를 면담한 채록. 1998. 8
· 胡蘇萍 張一平 著『海南近現代社会圖史』, 人民出版社, 2018. 9
· 趙志賢 整理,「日軍侵占昌江及其暴行」,『鐵蹄下的腥風血雨』, 海南出版社, 1995.
· 潘先火咢,「日军侵陵水实概要」,『鐵蹄下的腥風血雨』, 海南出版社, 1995.
· 金勝一,「중국 海南島에 강제연행된 한국인 귀환문제-조선 보국대를 중심으로」,『한국근현대사연구』, 2003.
· MBC뉴스「日강제 징용 학살 증거, 사라진 해남도 징용 유골」, 2012. 11. 23
· 王世重等4名口述, 张应勇整理,「日军在南林乡的罪行实录」,『鐵蹄下的腥風血雨』, 海南出版社, 1995.
· 羊杰臣,「日軍侵占崖縣及其暴行紀實」,『鐵蹄下的腥風血雨』, 1995
· 사토쇼진,「중국 해남도 '조선촌'이 증언하는 일제의 만행」,『경향신문』, 2010. 7. 11

海南千人坑 *A Story of 1939-1945*

9. 현장 감독 장달웅씨의 제보

장달웅씨가 남방 보국 대원으로 파견될 당시 19세였다. 경성상업학교에 다니다가 졸업을 3개월 앞두고 취업 활동을 하던 중 일본 질소에서 사원 모집한다는 광고를 보고 응모했다. 합격 후 서울역에서 아무것도 모른 채, 강제 징용자를 태운 기차를 타고 부산에 가서 배를 타고 일본과 타이완을 거쳐 하이난섬에 갔다. 처음 스루에서 광석을 운반하는 일을 했는데 너무 힘들어 베이리(北黎)로 도망했다가 붙잡혀 서송조에서 일하게 되고 스루에서는 감시하는 일을 하고 조선 보국대가 리즈구 오지로 이전한 후에는 조선 보국대를 관리하는 감독이었다. 해방 후 귀국하여 미국에 살다가 1998년 하이난을 찾아왔다. 하이난을 방문한 장달웅씨의 관심은 예전 자신이 현장을 감독하고 동지들이 학살당해 매장된 곳이었다. 현장을 찾아간바, 원주민들은 천인갱에 매장된 조선 사람들을 기념하여 그 지역을 '조선촌'이라고 불렀다.

또 하이난 정부 정치협상회가 일제강점기 일제의 하이난 폭행을 폭로하는 책 『鐵蹄下的腥風血雨』을 발간하고 천인갱에 매장된 1,300명이 전부 조선인이라는 수록표도 확인했다. 현지에서 당시 조선 보국 대원들의 생활을 기억하는 현지인 생존자도 만났다.

장달웅씨는 확보한 자료를 한국 언론에 제공했다. 1998년 3월 2일, 조선일보는 장 씨가 제보한 자료를 근거로 일제 강점기 하이난섬(海南島)에 끌려가 강제노역을 하던 1천여 명이 난자당하고 암매장된 뉴스를 보도했다.

1998년 3월 2일, 하이난 천인갱 참사를 처음 보도한 『조선일보』

조선일보 보도 이후, KBS, MBC, SBS 등 국내 공영방송들이 다큐멘터리 형식으로 '조선촌 학살' 사실을 보도했다. KBS는 장달웅 씨를 수행해서 조선촌 현장을 취재하고 다큐멘터리를 제작했다. 다큐멘터리 제작 시 현장에서 유골 6구가 발굴되어 다시 안장하기도 했다. 제작된 다큐멘터리는 1998년 8월 31일 「해남도에 묻힌 조선혼」이란 제목으로 방영되었다.

Hainan Thousand People Pit

난딩 조선 보국대 현장 감독 장달웅 씨. 1998년 KBS. 해남도에 묻힌 조선혼

· 金靜美, 「일본점령하 중국 海南島에서의 강제노동」, 『근현대 한일관계와 재일동포』, 서울대학교 출판부, 1999.
· KBS다큐멘터리, 송용운씨의 증언. 「해남도에 묻힌 조선 혼」, 1998. 8

10. 기슈광산의 진실을 밝히는 모임

 기슈광산은 석원산업이 총알을 만들기 위해 구리를 캐던 곳이다. 1938~78년까지 일제는 한국인 1,300여 명을 강제 연행하여 혹독한 강제 노역을 시켰으나 희생자는 35명이라고 발표했다. 동 모임은 1997년 2월, 일본의 역사학자, 시민, 재일교포 등 300명이 규슈광산에 대한 진상을 밝히려고 결성한 단체이다.

 '기슈광산의 진실을 밝히는 모임'에서 활동하던 재일교포 김정미(金靜美) 씨와 동아시아 연구가 일본인 사토 쇼진(左藤) 씨는 1998년부터 2005년까지 8차례 하이난을 방문하여 조선 보국대 대원들이 하이난의 비행장 건설, 항만 공사, 철도 공사 군사기지 건설에 투입되었다는 사실을 확인했다.

 남방 보국대가 강제노동한 닝수이 군사시설과 대형 무덤이 있는 호우스촌(后石村), 다퍼(大坡), 텐두와 스루광산을 찾아가고 생존하는 위안부와 관계자를 만나 사실을 확인했다. 조선인이 잔혹한 고문을 받고 살해당하는 현장을 목도했다는 현지 노동자도 3명이나 만났다.

김정미 씨와 사토 쇼진 씨는 일본 정부가 수많은 만행을 숨겼다는 사실을 알았다. '기슈광산의 진실을 밝히는 모임'이 '1945년 하이난 경비부 시설부 및 제16 경비대 주요 간부 명단. 조선총독부 법무국 '남방 파견 보국대' 대원과 형무 관리 명단 및 관련 행형자료를 한국에 제공하라'고 일본정부에 요청했으나 답을 얻지 못했다.

김정미 씨와 사토 쇼진 씨는 일본 사람들에게 역사의 진상을 알리고 피해자들이 일본 정부로부터 사과와 피해보상을 받을 때까지 도와야 한다는 의무감에서 조사를 지속하며 일본군이 하이난에서 저지른 죄상을 증명할 역사적 증거를 수집했다.

2003년 5월 29일, 김정미 씨와 사토 쇼진 씨는 한겨레를 찾아가 하이난 조선촌 현장에서 조선인들의 제복 단추, 군대 수첩, 유품과 유골이 계속 발굴되고 있으니 하이난에 강제로 끌려간 사람들의 유족을 찾아 달라고 요청했다.

2002년 4월, "기슈광산의 진실을 밝히는 모임" 명의로 김대중 대통령에게 국가 차원의 진상조사 촉구했다. 2003년 5월에는 노무현 대통령에게도 진상조사 촉구했다. 2004년 9월에는 일본 총리, 법무 장관, 후생 노동장관 앞으로 조선 감옥에서 하이난으로 연행된 조선인 명부 및 관련 문서를 공개하고 남방파견 조선 보국대의 진상을 규명하라고 촉구했다.

2004년 10월 1-10일간, 서대문형무소 역사관에서 "하이난에서 일본은 무엇을 했는가?"라는 제목으로 침략, 학살, 약탈, 성노예 문제를 다루었으며, '기슈광산의 진실을 밝히는 모임'이 후원을 했다.

Hainan Thousand People Pit

위안부 피해자를 만나 진술을 듣는 김정미 씨와 일본 역사학자 사토 쇼진 씨

· 羊杰臣, 「日軍侵占崖縣及其暴行紀實」, 『鐵蹄下的腥風血雨』, 海南出版社, 1995.
· 孫惠公, 「接見日本"和平之船"訪華團講話」, 『鐵蹄下的腥風血雨』, 海南出版社, 1995.
· 사토쇼진, 「중국 해남도 '조선촌'이 증언하는 일제의 만행」, 『경향신문』, 2010. 7

海南千人坑 *A Story of 1939-1945*

11. 생존자 증언

하이난에서 살아남은 고복남(1917~, 2004년 당시 87세) 씨는 2004년 6월, 인천 남구 주안동 용주사에서 거행된 '천인갱 영령 추모행사'에 참석해서 자신이 남방 보국대에서 체험한 일을 말했다. 고옹은 처음 하이난에 도착해서 비행장 건설 공사장에서 작업을 했다 구루마 1개에 5명씩 조를 짜서 흙으로 비행기 반공구 만드는 작업을 했는데 일을 잘하지 못하면 곡괭이 자루로 심하게 구타당했다. 말 그대로 생지옥, "우리는 그곳에서 굶어 죽고, 맞아 죽고, 찢겨 죽었다"고 증언했다. 고옹은 두 차례 탈출을 시도하다가 잡혀 왔다. 맞다가 혼절하면 찬물을 퍼붓고 정신이 돌아오면 또 다시 매질을 당했다. 함께 탈출을 시도한 동료 두 명은 죽었지만 고 옹은 용케 살았다. 손목을 뒤로 결박당한 채 오랫동안 매달려 있어서 손목뼈가 튕겨 나왔다.

2007년 4월에는 하이난 노역자 두 번째 생존자로 신고한 여차봉 옹(2008년 작고)이 1945년 10월까지 현장에 있다가 일본군의 감시를 피해 인근 중국인 마을로 탈출해서 살아남았다며 조선인 강제 징용자들에 대한 일본군의 학살 상황을 증언했다.

더운 열대지방에서 한 방에 여러 사람이 생활하고 음식도 부족하고 말라리아에 걸리는 사람들이 많았다. 말라리아에 걸리거나 심한 부상으로 노동을 할 수 없는 징용자들은 매일 아침 어디론가 끌려갔다. "아침 점호할 때면 일본 군인들이 막사마다 돌아다니며 거동 못 하는 사람들을 끌고 나왔어, 많을 때는 10명 정도씩 막사에서 끌려 나왔어, 일본군들은 이 사람들을 트럭에 태우고 어디론가로 갔지. 그렇게 간 사람 중 다시 돌아온 사람은 아무도 없어."라고 당시 상황을 회고했다.

여옹은 동료 징용자들에게 조금이라도 밥을 더 주려고 일본군 막사에서 밥을 훔쳐 나오다가 발각되어 심한 구타를 당하고 다리뼈와 갈비뼈가 부러졌다. 무척 아팠지만, 거동을 못 한다는 판정을 받으면 실려 나갈까 봐 필사적으로 움직였더니 일본군들도 곧 회복될 것으로 보고 데려가지 않았다고 한다. 하이난에 가면 당시 일본 순사의 한 달 월급에 해당하는 30원을 주겠다고 했는데 강제노역하는 동안 결국 돈은 한 푼도 못 받았다.

· 이영찬, 고복남 옹 [인터뷰] 하이난섬 학살 현장을 말하다 『코나스넷』 2012. 4. 1
· 이세형, 「일제 '하이난섬 학살사건' 생존자 여차봉 옹」, 『동아일보』 2007. 4. 27

12. 천인갱 묘역화

 천인갱 묘역화 개발은 하이난에 진출하여 신우농업종합개발유한공사를 경영하던 실업가 서재홍 씨가 시작했다. 천인갱 뉴스를 접하고 서 씨가 찾아간 천인갱 현장에는 하얀 해골들이 여기저기 뒹굴고 있었다.

 해방된 조국에서 우리는 번영을 누리며 잘 살고 있지만 뒹굴고 있는 원혼들이 긴 세월 동안 동포의 손길을 기다리고 있다는 생각이 들자 부끄러운 생각이 들었다. 그는 60여 년간 조국에 돌아가지 못하고 허공을 떠돌고 있을 한민족의 원혼을 풀어줘야겠다는 생각을 실천에 옮겼다.

3부. 산뭐촌三羅村 천인갱千人坑

 서씨는 차이나드림의 꿈을 안고 중국 정부로부터 4백만 평의 농지를 임차해서 6년째 열대과일인 망고와 요과(캐슈, Cashew)를 재배하면서 하이난에 머물던 중이었다.

 1999년 4월, 신우농업종합개발유한공사 명의로 싼야시 정부와 조선촌 일대 황무지 25,000평을 1999년부터 2029년까지 30년간 임대하고 1999년 9월 1일, 묘역에 비석 4개를 세웠다. 한국에서 중국산 농산물을 많이 수입하는 만큼, 한국인이 직접 재배한 농산물을 보내고 싶다는 마음으로 심은 14만 그루의 망고가 드디어 첫 수확을 맞이한 해였다.

천인갱 묘역화를 시작한 서재홍 씨
관련 『경향신문』, 기사. 1999.11.30

비석(1) 천인갱후원회 회원명단 비 유적지 조성 당시 후원회를 만들고 회원을 계속 모집하여 명단을 새길 비석이며 현재 7명의 이름이 새겨져 있다.

비석(2) 「日寇时期受迫害朝鮮同胞死亡追慕碑」 일제강점기 박해받아 죽은 조선 동포를 위한 추모비

Hainan Thousand People Pit

비석(3) 신우 가족 이미현 씨가 작성한 추모사비

비석(4) 조선인을 기려 지명을 조선촌으로 명명하고 천인갱을 보존해 준 중국정부에 대한 신우회측의 감사 내용

비석3) 신우가족 이미현씨가 작성한 추모사비

 눈물을 안으로 감추려 하지만 견디기 힘든 영혼들의 애절한 흐느 낌 소리, 영혼들의 넋이 녹아내리는 땅의 통곡소리가 뼛속으로 사 무치오. 상처받은 가슴은 그리 쉽게 아물지 않는 것처럼 말 없는 영 혼들의 괴로움도 쉽게 아물지 못하고 울어야 할 때 울지 못하고 웃 어야 할 때 웃지 못하는 서글픈 영혼들이여, 아무것도 가져온 것이 없고 아무것도 가져갈 것도 없는 이들의 육신 왜 그렇게 보내야 하 오. 외롭고 고달픈 응어리진 한숨을 마음 놓고 토해낼 수 없는 답답 함, 어둠의 땅속에서 힘없이 눈을 감아야 했고 아무런 죄도 없이 죽 음의 길을 가야만 했던 일천 조선인들, 귀가 있어도 귀머거리였고 입이 있어도 벙어리가 되였고 다리가 있어도 걷지 못하는 앉은뱅 이가 되여야 했소. 황량한 벌판에 육신의 영혼들만이 홀로 있어야 했으며 무거운 흙더미에 눌려 힘겨워하던 육신들, 고결한 영혼들 의 고통과 한을 어찌해야 합니까. 지극히 평범한 삶을 살려는 이들 을 검푸른 욕망의 바다가 삼켜버렸소. 어떠한 말로도 그릴 수 없는 영혼들의 절규 소리, 외롭고 지친 영혼들이여, 어둠의 길고 긴 터널 에서 빛의 세상으로 떠나소서. 하늘도 땅도 목놓아 울부짖는 듯 하 오. 긴긴 세월 동안 매서운 추위만이 영혼들을 떨게 했지만 들으소 서 파란 잎이 피어나는 봄이 올 터이니 영혼들이여 이제는 걱정하 지 말고 편히 쉬소서. 총과 칼을 든 병사들 앞에 아무 죄 없이 무릎

비석3) 신우가족 이미현씨가 작성한 추모사비

을 꿇어야 했던 일천 조선인들, 흐르는 세월의 강물 속에서 돌이킬 수 없는 얼룩진 역사지만 이제는 더 이상 영혼들의 자유를 그 아무도 뺏을 수 없소. 낯설고 머나먼 땅에 편히 눕지도 못한 채 불행의 길을 가야 했고 배고파하며 갈 곳을 잃어 슬퍼하는 영혼들의 안식처도 먹을 거리 조차 주지 못했던 우리들의 어리석음과 잘못이 너무나 부끄러워 눈시울을 적시오. 왜 우리가 어둠의 길 속에서 몸부림치며 울고 있는 영혼들을 찾지도 못했는가. 조그마한 우리의 땅에 왜 이리 슬픔이 무성한가요. 이름이 무엇인지 모르오, 고향이 어디인지도 모르오, 그저 기약도 없이 역사의 상처 속으로 묻혀야 했소. 아름다운 희망의 꽃이 피게 하소서, 분열과 배신이 없는 사랑과 믿음의 세계를 만들게 하소서, 목말라하는 이에게 물을 나눠주고 외로운 이에게 사랑을 베풀 줄 아는 아름다운 세상이 되게 하소서, 오랜 고통 끝에 한없는 기쁨을 느끼게 하소서. 우리의 후손에게 사랑과 희망의 씨앗을 뿌리게 하소서, 일천 조선인들의 영혼들이여, 사무치게 그리운 우리의 땅으로 되돌아가 새로 태어나 별과 달이 되어서 온 세상을 평온하게 하소서. 우리 후손들이 대문을 활짝 열고 두 팔을 벌려 반가이 맞을 터이니 안락하고 평안한 집으로 들어오소서.

14. 충북대학교 중원 문화연구소 유해발굴

장달웅 씨는 남방 보국대 사람들이 천인갱에 매장될 때 현장을 감독했다. 현재 천인갱 현장 관리자의 말에 의하면 장달웅씨가 개인적으로 천인갱을 방문하여 "친구들아, 미안하다. 나도 살기 위해서 일본인 상사의 명령을 거역할 수 없었다"라고 절규하며 통곡했다고 한다.

장 씨의 말에 의하면 시신은 커다랗게 판 구덩이 맨 아래 장작을 깔고 사람을 얹고 다시 장작과 사람 장작과 사람 이렇게 3층으로 놓아 한 구덩이에 3~400명씩 매장하고 기름을 부어 불에 태웠다고 한다. 일본 군인들이 많은 시신을 처리할 때 사용하는 방법이다.

충북대 유해 발굴센터가 일부 유해를 발굴했다. 조선촌 서쪽 경사진 곳 가로 150m, 세로 20m 범위를 발굴했는데 결과는 시신을 불에 태웠다는 장달웅씨의 말을 뒷받침했다. 유해 발굴에 참여한 한 연구원은 다음과 같은 글을 썼다.

…… 유해는 지표에서 비교적 낮은 위치인 40~50cm 정도의 깊이에 묻혔으며 유해의 머리 방향이 모두 동쪽을 향하고 있는 것으로 보아 인위적으로 묻힌 것임을 분명히 알 수 있었다. 이번 발굴 결과를 고려해 볼 때 조선촌 전체 면적을 발굴한다면 상당한 양의 유해가 출토될 것으로 생각한다.

…… 하지만 나를 굳어버리게 만든 건 발굴이 시작된 지 나흘째 되던 날이었다. 나름대로는 발굴을 꽤 오래 해왔다고 자신해 온 나였지만 그곳에서 본 모습은 지금까지 한 번도 본 적이 없는 광경이었다. 공동묘지, 한마디로 얼른 표현하기에 지금, 이 한마디 외에 다른 말은 떠오르지 않는다. 더운 날에 지금껏 삽질을 열심히 한 보람이 헛되지 않았는지 유해는 한꺼번에 꽤 많은 수가 나왔는데 모두 한결같이 머리를 동쪽으로 두고 나란히 누워있었다.

현장에는 불 먹은 흙과 머리뼈, 불에 탄 흔적이 뚜렷이 남아 있었다. 유해의 키는 대략 165~170cm로 추정되며 또 머리뼈가 2구 겹쳐서 출토된 것으로 보아 유해를 마구 겹쳐 매장했던 것으로 추정된다. 일본 군대가 조선 보국대에 나누어 준 것으로 추정되는 수첩도 나오고 입고 있던 옷에 부착된 흰색 사기단추도 나왔다. 특히 금과 은을 재료로 사용한 보철을 많이 하고 있었다.

Hainan Thousand People Pit

· 하이난천인갱희생자추모회, 충북대 유해 발굴센터에서 발굴한 유해 사진.

海南千人坑 *A Story of 1939-1945*

15. 난관에 봉착한 천인갱 기념화

충북대 유해발굴센터의 전문적인 발굴 이후, 신우농업종합개발 유한공사가 자체적으로 130여 구를 쉽게 발굴했다. 당초에는 납골 항아리를 안치할 곳이 없어서 길가에 방치했는데 분향하러 오신 한 스님의 경제적 지원 덕분에 영락제를 지어 납골 항아리를 안치할 수 있었다.

발굴된 완전 인체 형 유골 5점은 특별히 제작한 유리관에 전시했다. 손발을 묶을 때 쓴 철사와 고문 기구 등도 전시했다. 천인갱은 애국 교육 기지가 되어 현지 소학교 학생들이 참배를 왔다.

조금씩 진행되던 천인갱 묘역화 사업은 2004년부터 신우 농업종합개발공사 사업이 어려워져 점점 방치되었다. 신우회 초기 멤버인 정 모 씨가 개인적으로 현지 관리인에게 수고비를 주면서 2007년까지 관리를 했으나 그의 망고 농장도 어려워져 이마저 중단되었다.

신우농업종합개발유한공사 경영난으로 토지사용료를 5년간 지불하지 못했다. 그동안 싼야에 부동산 개발붐이 일고 천인갱은 점점 암적인 존재로 부각했다. 주민들이 천인갱 담장을 헐고 천인갱 경계에 돼지우리를 지어 오물이 쏟아져 들어왔다. 주민들은 싼야 지방정부에 천인갱 임대 계약 취소를 줄기차게 요구했다.

관리자에게 지불하던 경제적 지원이 끊어지니 천인갱은 방치되고 관리자가 없으니 마을 주민들이 임의로 천인갱을 드나들었다. 입구에 있던 철문은 뜯기고 투척한 쓰레기가 쌓였다. 영락제 문도 열리고 내부 유리전시관도 깨어지고 머리에 쇠말뚝이 박힌 유골 사진 등 일제강점기의 피해를 알리는 자료들도 사라졌다.

2008년 여름부터 중국 정부가 조선촌 주위를 횡단하는 고속도로를 건설했다. 주위에 부동산 건설 붐이 일어나자, 천인갱 존재가 점점 무실해졌다.

2009년 6월, 영락제에 전시 중이던 인체형 유골 5점 등이 도난을 당했다. 현지인들이 추모비 주변 부지를 일구어 땅콩, 고구마, 콩 등을 심어 영농지가 되었다.

Hainan Thousand People Pit

유리관에 보존처리한 완전형 유해 5구를 도난당했다.

2001년 3월, 중국 정부에서 개최한 제1차 하이난 보아오 포럼 회의에 참석하신 이수성 전 총리께서 개인 신분으로 천인갱 부지를 방문했다. 햇볕이 쨍쨍 내리쬐는 현장에 두 시간이나 맨땅에 앉아 땀을 뻘뻘 흘리시면서 본인의 체온을 땅속에 묻힌 자들에게 전달했다고 천인갱 현장 관리인은 말한다.

2005년 3월 대한민국 육해공군해병대 예비역 영관 장교연합회 회원 25명이 천인갱 현장을 방문해서 추도회를 열었다. 2006년 7월, 불교 태고종 용주사에서는 천인갱 희생자 위령제를 지냈다.

강제동원피해조사위원회가 매년 한두 차례 일제 강점기 강제 동원된 희생자 유족과 해외 추도 순례를 진행했다. 추도 순례 프로그램 예산 중 1/3을 일본이 부담하는지라 일본 측 관계자들이 추도제 장소나 일정을 조율했다.

2012년 4월 25일 천인갱 희생 유족 15명이 강제 동원 피해조사위원회가 진행하는 해외 추도 순례에 참여해서 천인갱을 찾았다. 유족들은 모두 60~70세 노인들이었다. 70년 만에 유골 앞에서 제를 지내려고 했으나 일본 측이 반대해 준비해 온 플래카드는 펼치지도 못하고 하이난의 한 식당 구석에 제수를 차리고 빛바랜 사진을 놓고 제를 올렸다.

2013년 11월, 제16차 한·중·일 불교 우호 교류대회가 싼야시에서 불교 지도자 및 관계자들이 참석한 가운데 열렸다. 자연재해 후 생존자들이 '불교의 명상을 통해 괴로움을 극복하고 새로운 삶을 개척하는 역할을 하자' 는 주제였다.

한국불교종단협회는 이 기회를 빌어 천인갱에 위령제를 드리려고 중국 정부 측에 협조를 요청했다. 중국 당국은 천인갱에 묻힌 유골이 조선인이라는 과학적 증거가 없으며 세워진 추모비는 무허가 건축물이며 한국대표단의 방문이 적절하지 않다는 답변을 보내와서 결국 위령제 대신 간단한 의식으로 대신했다.

천인갱 사건에 대해 일본 정부는 일본기업이 추진한 사업에 조선인이 참여한 것이며 일본 정부와는 무관하며 동원된 조선인에 대해 정부 책임이 없다는 입장을 내놓고 있다.

4부. 위안부 박래순(朴來順)

1. 링수이 위안소
2. 스루 위안소
3. 푸순에서 위안부가 되다
4. 하이난 위안소
5. 박래순이 위안부 생애를 진술하다.

1. 링수이 위안소

일본이 하이난을 점령한 6년간 일본군 병영과 거점에는 반드시 위안소가 있었다. 하이커우(海口)에는 제 15경비대가 주둔했다. 일본군이 하이난에 주둔한 지 3개월째가 되는 1939년 4월, 타이완 척식주식회사가 총 281평에 다섯 동 건물을 지어 위안소를 열었다. 일본군 15경비대는 위안소와 10분 정도 떨어진 거리에 주둔했다.

일본군은 "병사들의 원시적인 사기를 돋운다"는 미명 아래 직간접적으로 위안소 설립과 운영에 관여했다. 위안소는 새로 짓기도 했지만 대부분 지역 부호의 집을 빼앗거나 여관, 민가, 상점, 사당, 회관, 학교 등을 강제로 몰수해서 사용했다. 단층집이 여러 채 잇대어 있는 경우도 많았고, 열악한 건물도 많았다.

임시적인 위안소도 존재했다. 군부대가 다른 지역으로 이동할 때, 위안부들을 데리고 가서 임시 위안소를 설치하는 방식이다. 박래순은 "매월 중순, 싼야 군부에서 5~6명의 위안부를 차에 태워 여러 거점으로 순회했다."라고 말했다. 한 현지 위안부는 한 달에 한 번씩 10~20명이 비교적 먼 곳에 있는 일본군 병영에 가서 '위안'을 했다고 구술한다.

한 개 위안소에는 적게는 10~20명, 많은 곳은 50여 명, 200명이 넘는 위안부가 있었다. 하이난 점령 기간, 약 1만 명 이상의 현지 여성이 강제 위안을 했다. 또 부대와 가까운 촌락 여성들을 임의로 납치 감금해서 위안부로 삼기도 했다. 일본군 군사 거점이나, 병영, 포루(砲樓) 등에서 종사하는 모든 위안부는 강제로, 혹은 속여서 징집된 여성이다. 중국, 타이완, 조선, 필리핀 여성들도 있지만 현지에서 동원된 위안부가 가장 많았다.

위안소는 군대를 위한 장소이다. 당국의 지원으로 위안부들의 비참한 처우는 암묵적으로 합법화되었다. '전장 후방 지원대'가 위안부를 모집하고 관리했다. 전장 후방 지원대 임무는 일본군의 군복을 세탁하거나 부상병을 돌보고 병영 위생을 관리하는 일이지만 구인회사가 여러 방법으로 데려온 여성들을 위안부로 편입해서 관리했다. 도로 건설이나 노동장 현장에서 외모가 뛰어난 여성이 발견되면 선발되어 "전장 후방 지원대"에 편입된다. 하이난에 강제 동원된 한인 여성은 최소 210명 이상으로 보인다.

현지에서 징집된 전장 후방 지원대 인원은 처음에는 남성들과 같이 노동대로 선발되었다. 그중 예쁜 여성들은 별도로 선발되어 담뱃잎의 벌레 잡기, 쌀의 돌이나 벌레 고르기, 카질 등 비교적 가벼운 일을 시키다가 2~3일이 지나면 일본군 장교와 사병들의 성적 욕구를 해소하는 성노예로 사용했다.

이들은 외지에서 온 위안부 여성보다 처지가 더욱 열악했다. 집에서 갖다주는 쌀과 채소로 식사하고 일본군은 소금만 조금씩 주었다. 집에서 가까운 위안소로 끌려갔기 때문에 도망하기는 쉬웠으나 피해는 가족에게까지 미쳤다. 한 위안부는 도망했으나 그 대가로 부친이 잡혀가 생매장을 당해 죽었다.

박래순은 하이커우 중산로(中山路)와 가까운 창티로(長堤路) 위안소에 1년 정도 있다가 싼야로 왔다. 싼야시에는 일본군 제16경비대가 주둔하며 위안소는 크게 고위 장교용 위안소와 사병 위안소로 나뉜다. 고급 위안소는 일본 요리와 예술 공연이 있는 여관이고, 조선, 타이완, 홍콩 여성들은 중급, 저급 위안소에서 복무했다.

1939년 4월, 링성 호우산가(后山街), 구 명칭 와짜오가(瓦灶街) 석동묘(石峒廟)사원에 '위안소' 하나가 있었다. 위안부는 일본, 조선, 타이완 여성 외에 광둥, 차오산, 홍콩 등 일제가 점령한 지역에서 온 여성들이다. 1942년부터 젊고 아름다운 여족 소녀 20여 명이 강제로 끌려 위안소에 왔다. 한 일본군 거점에서 위안소 '쾌락의 방' 청소를 하던 린파공텐(林帕公天)이라는 급사의 이야기이다.

그곳에 세 개의 '쾌락의 방'이 있는데 방마다 볏짚으로 만든 침대 두 개가 있고 침대 위에 비닐을 깔고 그 위에 돗자리를 깔았다. 린파공텐은 먼저 침대에 깔린 비닐을 치우고 세척하여 말려 다음에 사용할 수 있게 준비하고 사용된 콘돔과 버려진 휴지를 치운 다음 위안부 여성들이 몸을 씻을 수 있도록 작은 물통에 따뜻한 물을 준비했다. 이런 더러운 일을 하고 싶지 않다고 말했다가 일본군 관리자에게 가죽 벨트로 온몸이 상처투성이가 되도록 매를 맞고 어쩔 수 없이 일을 계속했다.

위안소 청소를 하면서 여족 소녀들이 강제로 일본군 성노예가 된 것을 알았다. 양팡(楊榜)이라는 여성은 일본군이 마을을 소탕하던 중 붙잡혀 강간당하고 거점으로 끌려와 '서비스팀'에 편입되었다. 그녀는 체력이 아주 약했지만, 일본군의 강요를 피하지 못했다.

1944년 상반기 리야시(李亞茜)라는 17세 소녀가 '봉사대'에 편입되었다. 젊고 용모가 빼어나 일본군 장병들이 하나같이 그를 지목하여 심한 유린에 시달렸다. 리야시는 몇 차례 탈출을 시도했으나 매번 실패하고 잡혀 와 더욱 가혹한 학대를 받았다. 성격이 완고한 리야시는 제공되는 예방약 복용을 거부하고 임신했다. 일본군은 자신들의 씨가 중국에 남지 않도록 그녀를 결박해 마을 옆 경사지로 끌고 가 배를 갈랐다. "전장 후방 지원대"에 편입된 여성 중에서 일본군의 손아귀에서 벗어난 사람은 단 한 명도 없었다. 1945년 8월 말, 일본군이 항복한 후에야 그들은 비로소 고향으로 돌아갔다.

· 張應勇,「日軍爲修建後石軍用機場製造的血案」,『鐵蹄下的腥風血雨』, 海南出版社, 1995.
· 張應勇,「日軍"戰地後勤服務隊"中的黎族婦女」,『鐵蹄下的腥風血雨』, 海南出版社, 1995.
· 蘇智良·侯桂芳·胡南英著,『日本對海南的侵略及其暴行』, 上海辭書出版社, 2005. 5.
· 羊杰臣,「崖縣侵瓊日軍"慰安所"調査」,『鐵蹄下的腥風血雨』, 海南出版社, 1995.
· 신영숙, 유해정, 김미정,「해남도 일본군 '성노예' 실태 조사 연구 보고」,『여성연구논총』 17집,
· 대일항쟁기강제동원피해조사및국외강제동원희생자등지원위원회,『해남도로 연행된 조선인 성노예에 대한 진상조사』, 2011. 7

2. 스루 위안소

1942년 봄, 홍콩의 '합기회사(合记公司)'가 위안소를 설립하고 홍콩, 광저우 등지에서 300명 이상의 젊은 여성들을 모집해서 데리고 왔다. 나이가 가장 어린 여성은 17세이고, 많아도 30세를 넘지 않았다. 하천을 따라 세워진 스루 위안소에는 한인 여성들도 종사했다. 삼사십 대의 일본 여자가 관리하고 여성은 이름 대신 번호로 불렸다. 일본 질소회사 서상조 직원이던 장달웅씨는 "다니는 길목마다 위안소가 있고, 이들 위안소는 군인, 군속, 민간 회사원 등 가리지 않고 받았다고 한다.

스루광산 기슭, 현재 스루허난(石碌河南) 파출소 일대에 건축 면적 약 300여㎡인 기와집 위안소가 있었다. 건물 형태는 일자형이며, 남서쪽에 큰 문 1개, 내부 중앙에 약 1.5미터 너비의 복도가 있고, 양쪽에는 20개 작은 방이 마주 보며 나란히 배치되었다. 문과 창문은 목재를 사용한 일본식 개방형이며, 바닥은 시멘트로 포장되었다. 스루위안소 건물은 해방 후 식품공장 직원 숙소로 사용되다가 1980년대 초에 철거되었다.

탈출을 방지하기 위해 위안소 주변에 경계망이 설치되고 일본군이 밤낮 순찰하여 경계가 아주 삼엄했다. 탈출하다 잡힌 위안부들은 현장에서 살해되거나, 옷을 벗기고 나체로 나무에 매달려 맞고 전기고문이나 물고문을 받았다.

스루광산 위안소에 위안부 300여 명이 있었다. 일본군이 문에서 출입자를 검문하고, 손님은 특별히 제작된 작은 목판을 가지고 위안소로 들어왔다. 주로 일본군 장교와 간부들이다. 위안부들은 매주 한 번씩 의무실에서 건강검진을 받았다. 하루에 쌀 석량 정도를 받고 때로는 고구마 몇 조각 받아먹으면서 하루에 최소 8번, 일본군인들이 휴식하는 날에는 24번까지 손님을 받았다.

위안부 생활은 말로 형용할 수 없을 만큼 참혹했다. 어느 추운 겨울날 아침, 위안부 두 명이 심한 고문을 받고 더 이상 손님을 받을 수 없게 되자 나체로 큰 나무에 매달려 잔인하게 맞아 죽었다. 한 위안부는 캄캄한 밤 위안소 정원 큰 나무에 목을 매 목숨을 끊었다. 나팡(娜芳)이라는 언니는 어린 자매 10여 명과 탈출했지만, 남편과 자녀 볼 면목이 없다며 절벽에 몸을 던져 죽었다. 4년 동안 죽은 이들이 200여 명이며 1945년 일본군이 항복할 때까지 살아남은 위안부는 극소수였다.

· 蘇智良·侯桂芳·胡南英著, 『日本對海南的侵略及其暴行』, 上海辭書出版社, 2005. 5
· 羊杰臣, 「崖縣侵瓊日軍"慰安所"調査」, 『鐵蹄下的腥風血雨』, 海南出版社, 1995.

3. 푸순에서 위안부가 되다

경상남도 함안군 출신 박래순(朴來順, 1916~1995)은 1940년 태평양전쟁에 참여하는 군인들을 위해 식사, 세탁, 부상병 간호 등에 종사하면 식사비 외에도 임금을 받아 집으로 보낼 수 있다는 감언이설에 속아 중국으로 왔다. 한편, 마음 한구석에는 먼저 중국으로 떠난 남자친구도 만날 수 있으리라는 막연한 희망도 있었다.

1941년 2월, 기차와 버스를 여러 차례 번갈아 타고 도착한 곳은 헤이룽장성(黑龍江省) 푸순(撫順)에 있는 위안소였다. 일본군 병영 옆에 있는 한 커다란 저택이었는데 그곳에는 일본, 남한, 북한에서 온 자매 약 200여 명이 모여 있었다. 다음 날, 관리인 최 씨가 50여 명을 한 조로 편성하더니 번호가 쓰인 동일 색상의 옷을 나눠주며 목욕하고 옷 갈아입고 신체검사를 받으라고 지시했다.

옷을 갈아입고 나오니 최 관리인이 부녀들을 큰 거실로 데려가 줄을 세웠다. 약 30세가량의 일본 중년 여인이 앞서고 신체가 건장하고 험악하게 생긴 대여섯 명의 청년이 따라 나왔다. 자매들이 "목욕한 몸을 저들에게 주라는 말인가" 하며 웅성거리자 최 관리인은 험상궂은 얼굴로 "조용히 하라"고 소리를 질렀다.

일본 여인이 부녀들을 아래위로 훑어보더니 아주 엄격한 어조로 "대동아 전쟁*태평양전쟁을 위해 신체검사를 하니 황군을 위해 복무한다는 희생정신을 가지라"고 하면서 옷을 벗으라고 명령했다. 자매들은 남자들 앞에서 함부로 옷을 벗을 수 없다며 묵묵히 서 있었다. 모두 옷을 벗지 않자, 일본 여인은 버럭 화를 내면서 맨 앞줄에 서 있는 열예닐곱 살쯤 되어 보이는 한 여자아이를 지적하더니 앞으로 나오라고 했다. 모두가 지켜보는 가운데 억지로 옷은 벗겼지만, 그 아이는 움직이지 않고 가만히 서 있었다. 일본 여인이 뒤에 서 있는 사나이들에게 손짓했다. 험상궂게 생긴 두 사나이가 달려들었다. 여자아이는 발버둥을 치며 고함을 지르고 저항했지만, 돌아오는 것은 폭력과 강간이었다.

갑자기 일어난 일인지라 모두 어리둥절해 있는데 일본 여인은 국가의 공적 일을 수행한다며 한 사람씩 신체검사를 했다. 몸을 자세히 살펴보고 꼬집기도 했다. 서럽게 울면 입을 세차게 때려 소리도 내지 못하고 흐느끼며 울었다.

그때까지만 해도 신체검사가 끝나면 군인들을 위한 식사 준비를 하거나 세탁일을 할 줄 알았다. 그러나 그날 밤, 최 관리인은 마당에 줄 서 있는 일본 군인들에게 일본 돈 2원을 받으며 입장권을 팔았다. 일본군이 구입한 입장권에는 번호가 있어 번호를 부르면 나가야 하고 반항하던 자매들은 두들겨 맞아 반죽음이 되었다.

박래순은 이렇게 일본군 위안부가 되었다. 매일 3~4명을 접대하고 많을 때는 10명도 넘었다. 급여는 일당 일본 돈 10원이었다. 위안부는 사람이 하는 일이 아니었다. 도망을 간다고 해도 어디로 갈 줄도 모르고 기회도 없었다. 그냥 죽은 사람이라고 생각하며 모든 분노와 모욕과 굴욕을 참을 수밖에 없었다.

박래순은 이렇게 증언한다. "생리 중에도 손님을 접대했고 행동이 느리면 구타당했다. 끊임없는 성교 때문에 여성들은 얼굴이 누렇게 뜨고 몹시 수척하여 적지 않은 수가 병상에 누어 움직일 수 없었다. 하지만 병세가 조금만 나아지면 관리인들은 또다시 여성들에게 군인을 접대하도록 강박했다. 위안소에서는 정기적으로 신체검사를 하고 주사를 놓고 약을 먹였다. 어떤 여성은 성병에 걸리고 하체가 썩어 악취가 났다. 이때 그녀의 침대에 빨간 번호판을 걸어 놓아야 일본군이 접근할 수 없다. 하지만 어떤 여성은 치료를 받지 못해 종신 장애인이 되었다.

1942년 하이난 하이커우에서 찍은 사진(26세)

성병 검사 현장을 다음과 같이 묘사했다. "매주 목요일 병원 앞에 큰 텐트를 치고, '위안부'의 성병을 검진했다. 검진장에 4대 트럭이 왔다. 한 대에 25명의 조선인, 타이완인 위안부를 싣고 보통 100명이 검진하러 왔다. 텐트 안에 6개 검진대, 위생병 책상 위에는 장교용, 병사용, 군무원용 위안부가 소속된 명단이 있고 이들을 마치 물건처럼 취급했다. 군의는 눈으로 봐 증상이 심한 경우에만 약을 주도록 지시했다. 연성하감(軟性下疳)에 걸린 위안부의 성기는 석류같이 터져 딱했다. 그러나 군의는 조선인에게는 606호 주사를 놓지 않았다. 그것은 군인에게만 사용하고 위안부에게는 요오드팅크나 머큐로크롬을 발라주는 것이 전부였다. 조선인 위안부는 입원을 안 시켰다. 성병에 요오드팅크를 바르면 아프다고 소리 내 울었다. 조선인 위안부의 비통한 호소를 듣고 할 수 있는 일이 아무것도 없다. "아이고, 아이고" 소리가 지금도 귀에 쟁쟁하다."

· 신영숙, 유해정, 김미정, 「해남도 일본군 '성노예' 실태 조사 연구 보고」, 『여성연구논총 제17집』, 2002.
· 何十里, 「三白"慰安婦"慘事泰半 —石碌鑛鐵"慰安婦"調査實錄, 『鐵蹄下的腥風血雨』, 海南出版社, 1995.
· 朴來順口述, 張應勇整理, 我被騙迫當日軍"慰安婦"的經歷, 『鐵蹄下的腥風血雨』, 海南出版社, 1995.

4. 하이난 위안소

1942년 1월 말, 박래순은 전지 후방복무대로 선발되어 일본 군함을 탔다. 어디로 가는지도 모르는 조선, 타이완, 필리핀 자매 28명이 한 배에 탔다. 배에서 시키는 일을 하며 도착해보니 2월 23일, 하이난 하이커우(海口)였다. 위안소는 하이커우시 중산로 종루(鐘樓) 오른쪽 일본군사령부 부근이다.

하이커우에서 1년 정도 타이완과 필리핀 자매들과 지냈다. 이 위안소에는 일본 군인들만 찾아왔다. 한 달에 한 번씩은 10여 명 자매가 차를 타고 비교적 먼 곳에 있는 병영으로 위문하러 가서 2~3일 머물다 돌아왔다. 병영에는 위문해야 할 일본군이 너무 많아 쓰러지기가 일쑤였다. 병이 나면 약을 먹고 병이 조금만 호전되면 또 위문했다. 성병이 걸려 일어나지 못하는 동료도 많았다.

1943년 1월부터는 싼야 홍샤오우자위안(紅沙歐家園), *현재의 맹인수용소(盲殘院)에 배치되었다. 당시 홍샤오우자위안 위안소에는 52명 위안부가 있었는데 그중 절반이 타이완과 조선에서 온 부녀들이었다. 매일 눈물로 세수하듯 비인간적이고 굴욕적인 생활을 감내했다. 성격이 포학한 일본 군인을 만나면 동작이 느리다고 주먹으로 때리고 발로 찼다. 간혹 양심 있는 군인은 불쌍하다고 동정하며 슬그머니 돈을 찔러주기도 했다.

위안소에 새로 온 조선인 김 씨 관리인이 박래순 남자친구 소식을 전해주었다. 관리인 김씨와 박래순의 남자친구는 동북 지역에서 한 중국 부대에 같이 복무했는데 박래순의 남자친구는 입대한 지 3개월 만에 죽었다고 한다.

일본 투항 후 일본군은 하이난을 떠났다. 병들고 신체가 허약한 박래순은 하이난에 남았다. 이런 혼란 중에, 1948년 북한이 고향인 석 씨 청년을 만나 결혼했다. 싼야 부근 리즈구(黎枝區)에 자리를 잡고 풀을 베어 팔아 생계를 유지했다. 그런데 7년간 의지하고 살던 석 씨가 병으로 먼저 세상을 떠났다.

1959년, 혼자가 된 박래순은 바오팅현(保亭縣) 도로공사에서 환경미화원으로 15년간 일하고 퇴직했다. 마오농촌(毛弄村)에 숙사가 있었다. 중국 정부는 이국 여인에게 외국인 거류증도 발급해 주고 관심을 기울였다. 퇴직 후에도 예전 받던 월급을 그대로 주었고 병이 나면 직원을 보내 돌봐 주었다. 문화대혁명 기간에도 홍위병들이 외국인이라고 힘들게 하지 않았다. 노화로 병이 잦아지자 예전 근무하던 회사에서 관과 수의도 미리 마련해 주었다.

박래순이 노년에 살던 바오팅 마오농촌 입구, 한글 표기가 있다.

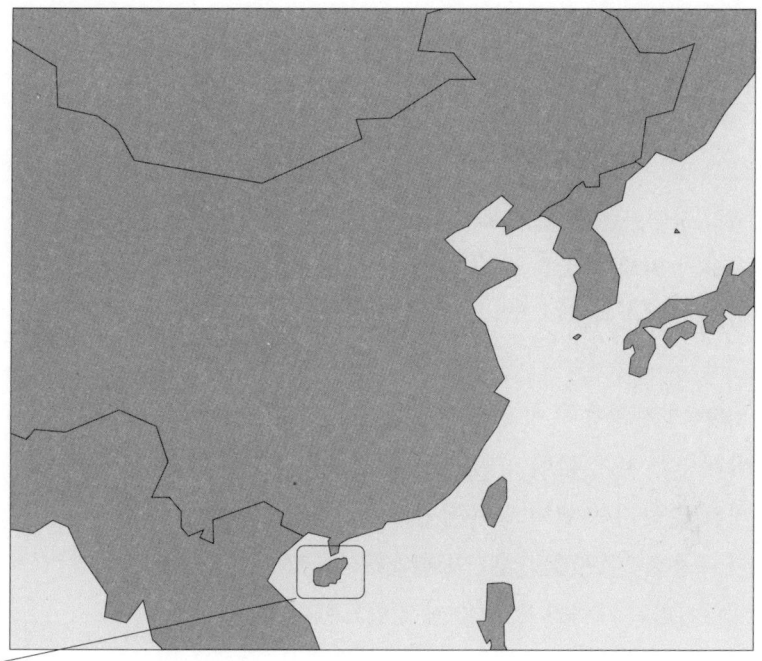

Hainan Thousand Peopel Pit
海南千人坑

Hainan Province, Sanya City
海南省三亚市

5. 박래순이 위안부 생애를 진술하다.

1993년, 하이난 정부 측에서 한국인 위안부 박래순이 바오팅현에 살고 있는 것을 알게 되었다. 바오팅현 정치협상회 문사반(文史班) 주임 장잉용(张应勇, 1940~2005)이 일제 만행을 폭로하는 책을 발간하기 위해 사료를 수집 정리하던 중 제일 먼저 발견한 위안부가 바로 박래순이었다.

1994년 장잉용이 병원에 입원해 있는 78세의 박래순을 방문했다. 박래순은 자기 삶이 얼마 남지 않았다는 것을 알고 일평생 아무에게도 말하지 못했던 굴욕적인 위안부 생애를 진술했다. 장잉용은 이 내용을 「我被騙迫當日軍慰安婦的經歷 *내가 강제로 일본군 위안부가 된 경력」이라는 제목으로 글을 써서 발표했다.

해방 후 박래순은 한국에 있는 자기 집 주소를 알고 있었지만, 고향으로 돌아가지 않았다. 본적은 경상남도 함안군 여항면 내곡리이며 부친 박명만朴命万, 모친 송최인宋崔引, 9남매이다. 박래순 위로 오빠 2명 언니 2명, 남동생 2명, 여동생 2명이 있었다.

박래순이 쓴 이름은 은식(恩植), 을식(乙植), 임순(任順), 을순(乙順), 래순(来順), 수부(寿富), 기영(基英), 기순(其順), 차순(次順)이다.

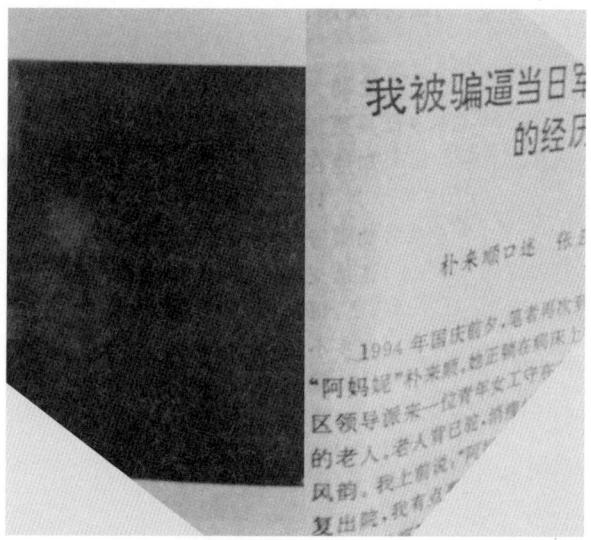

박래순의 구술이 실린 『鐵蹄下的腥風血雨』의 한 면

"죠션 경상방도함안코이왕여닉푸이"

박래순이 친필로 쓴 한국 주소. 조선 경상남도 함안군 여항면 내곡리

장잉용이 쓴 문장이 인터넷에 발표되자 뜻밖에 일본 유학생들이 박래순을 찾아와 사죄하며 위로금을 전달했다. 이때부터 장잉용은 하이난에 생존한 위안부들에 대해 적극적인 관심을 가지게 되었다.

장잉용은 위안부들을 일일이 찾아다니며 구술을 듣고 사료를 정리하며 위안부 인권옹호에 나섰다. 자신이 병에 걸려 투병 생활을 하면서까지도 생존한 위안부 9명을 데리고 일본에 가서 법정에 서서 증언하는 등 위안부 인권을 보호하고 피해보상을 받기 위해 노력했다.

박래순이 노년에 살던 바오팅 마오농촌 집

· 張應勇, 「我被騙逼当日军"慰安妇"的经历」, 『铁蹄下的腥風血雨』, 海口海南出版社, 1995.
· 신영숙, 유해정, 김미정, 「해남도 일본군 '성노예' 실태 조사 연구 보고」, 『여성연구논총 제17집』, 2002.

박래순은 한국에서 25년 살고 중국에서 53년을 살다가 세상을 떠났다. 사후 본국으로 귀환을 원치 않는다는 유언을 남겼다. 그가 살던 집에서 가까운 마오안 도로 보호 구역(毛岸公路養護工區) 뒤편 그가 늘 일하던 도로가 바라보이는 숲속에 묻히고 예전 다니던 도로공사에서 묘비를 세워 주었다.

바오딩 도로공사에서 세운 박래순 묘비

후기

망국민의 막다른 골목은 어디일까? 조선 보국대 사람들이 노역하던 하이난 중부지역 창장(昌江)의 스루진(石碌鎭)은 조그마한 소도시이다. 스루광산은 어디에 있을까? 시내를 몇 바퀴 돌았지만, 광산이 있을 만한 곳이 보이지 않는다. 길을 잘못 들었거니 하고 내비게이션에 스루광산을 입력했는데 또 같은 장소로 되돌아왔다.

철광을 가득 싣고 트럭 무게를 달고 있는 기사에게 길을 물었더니 외부인 출입이 금지된 곳을 가리키며 저 길을 따라 쭉 올라가라고 일러주었다. 마침, 대문이 열려있는지라 건물 마당을 지나니 길은 산속으로 들어간다.

인적없는 산길을 10여 km 들어갔을까, 탄광은 보이지 않고 시커먼 철광을 가득 실은 트럭 한 대가 뒤뚱거리며 울퉁불퉁한 산길을 내려온다. 어디엔가 광산이 있다는 신호이다. 제대로 길을 찾았다는 안도의 숨을 돌리며 또 한참 들어가는데 산만큼 높게 쌓인 돌무더기가 보였다.

차를 세우고 수풀을 헤쳐 돌무더기 아래에 이르렀다. 저 돌무더기 꼭대기에 서면 무엇인가 보일 것 같았다. 문제는 족히 7~8미터는 될 것으로 보이는 돌무더기 꼭대기까지 올라가는 것이었다. 돌들이 쌓여 있지만 붙잡을 수 있는 풀이나 나무가 없어서 자칫하면 미끄러질 수 있다. 후들거리는 다리를 끌고 기다시피 돌무더기를 올랐다.

저 멀리 산봉우리가 움푹 파헤쳐서 생긴 커다란 구덩이에 성냥갑 만하게 보이는 트럭이 서 있다. 바닥에 나뒹구는 돌멩이들은 마치 광산에서 수레를 끌며 우글우글 일하는 노역자처럼 보였다.

스루광산은 망국민들이 조국의 이름으로 끌려와 노역하던 곳이다. 과거 아픈 상처가 깊숙이 새겨진 이 광산을 '잊어야 할까? 기념해야 할까?'를 생각하면서 산길을 내려오는데 철광을 잔뜩 실은 트럭 한 대가 울퉁불퉁한 길을 뒤뚱거리며 우리 차를 추월한다. 트럭에 가득 실린 시커먼 철광을 보니 마치 일과를 마치고 아무런 희망이 안 보이는 무표정한 얼굴로 빽빽하게 실려 숙소로 돌아가는 조선 보국대 사람들이 연상된다.

여행에서 돌아와 인터넷에서 스루광산을 찾아보았다. 더 이상 노역자들이 고통받으며 일하는 광산이 아니었다. 산봉우리 하나를 통째로 파낸 스루광산은 경이로운 볼거리가 되어 관광지로 개발한다는 뉴스가 있다.

참고문헌

1부 2. 포탄으로 점령한 하이난
- National Archives Identifier 152774641
- 羊杰臣,「日本侵占崖縣及基暴行記實」,『鐵蹄下的腥風血雨』, 海南出版社, 1995, 401.

4. 살인·약탈·방화 '삼광 정책(三光政策)
- 張應勇,「日軍人侵保定縣始末」,『鐵蹄下的腥風血雨』, 海南出版社, 1995, 531
- 孫惠公,「接見日本 "和平之船" 訪華團講話」,『鐵蹄下的腥風血雨』, 海南出版社, 1995, 419
- 羊杰臣,「日本侵占崖縣及基暴行記實」,『鐵蹄下的腥風血雨』, 海南出版社, 1995, 404
- 胡茂震,「日軍在陵水縣烏牙峒暴行實錄」,『鐵蹄下的腥風血雨』, 1995, 463

6. 점령지역 경제 개발
- 胡素萍 張一平 著,「日本占領下的海南島經濟與社會」,『海南近現代社會圖史』, 人民出版社, 2018. 9, 303-311
- 蘇智良·侯桂芳·胡南英著,『日本對海南的侵略及其暴行』, 上海辭書出版社, 2005. 5, 78
- 黃懷興何擎國,「田獨萬人坑」,『鐵蹄下的腥風血雨』, 海南出版社, 1995, 431
- 羊杰臣,「日本侵占崖縣及基暴行記實」,『鐵蹄下的腥風血雨』, 海南出版社, 1995, 410

8. 먀오산촌의 참상
- 陳石禮,「陰施毒計誘殺村民 — 妙山村大屠殺記實」,『鐵蹄下的腥風血雨』, 海南出版社, 1995, 424

10 스루광산 노동 환경
- 吉亞黑等口述潘先木咢等整理,「人間地獄虎口餘生」,『鐵蹄下的腥風血雨』, 1995, 437

2부 1. 광산 노역자들이 학대 받아 죽은 장소
- 陳宏,「前事不忘, 以史爲監」,『鐵蹄下的腥風血雨』, 海南出版社, 1995. 1-4
- 黃懷興何敬國,「田獨萬人坑」,『鐵蹄下的腥風血雨』, 海南出版社, 1995. 431
- 金靜美,「일본점령하 중국 海南島에서의 강제노동」,『근현대 한일관계와 재일동포』, 서울대학교 출판부, 1999 227

2. 인간 지옥 텐두광산
- 黃懷興何敬國,「田獨萬人坑」,『鐵蹄下的腥風血雨』, 海南出版社, 1995, 433
- 金勝一,「중국 海南島에 강제연행된 한국인 귀환문제-조선 보국대를 중심으로」,『한국근현대사연구』, 2003. 108

3부 2. 남방 파견 보국대 출역
- 吉黑黑鄧必義己述, 潘先火咢陈运宏整理,「人间地狱户口余生」,『鐵蹄下的腥風血雨』, 海南出版社, 1995, 434-437
- 金靜美,「일본점령하 중국 海南島에서의 강제노동」,『근현대 한일관계와 재일동포』, 서울대학교 출판부, 1999, 235

3. 수형자 2,300명 파견
- 金靜美,「일본점령하 중국 海南島에서의 강제노동」,『근현대 한일관계와 재일동포』, 서울대학교 출판부, 1999, 234

4. 쌴야 비행장 건설
- 金靜美,「일본점령하 중국 海南島에서의 강제노동」,『근현대 한일관계와 재일동포』, 서울대학교 출판부, 1999, 237

5. 링수이현 군사시설
- KBS다큐멘터리「하이난섬에 묻혀진 조선의 혼」, 1998.8.31.
- 王闗文等4名口述, 鄭月大等4名整理,「日军爲修建后石军用机场制造的血案」,『鐵蹄下的腥風血雨』, 1995. 507
- 金勝一,「중국 海南島에 강제연행된 한국인 귀환문제-조선 보국대를 중심으로」,『한국근현대사연구』, 2003. 112

6. 스루石碌광산 철광 채굴
- KBS다큐멘터리,「해남도에 묻힌 조선혼」, 1998.8.31.
- 王闗文等4名口述, 鄭月大等4名整理,「日军爲修建后石军用机场制造的血案」,『鐵蹄下的腥風血雨』, 1995.
- 金靜美,「일본점령하 중국 海南島에서의 강제노동」,『근현대 한일관계와 재일동포』, 서울대학교 출판부, 1999 227

7. 스루-바쉬 구간 철도 건설
- 張武山,「日軍焚燒勞工目擊記」,『海南文史』, 海南出版社, 2005, 51
- 金靜美,「일본점령하 중국 海南島에서의 강제노동」,『근현대 한일관계와 재일동포』, 서울대학교 출판부, 1999, 236

8. 학살 시기
- National Archives Identifier 204835409
- National Archives Identifier 204835399
- National Archives Identifier 204835403
- National Archives Identifier 350290477
- National Archives Identifier 74240336
- KBS다큐멘터리「해남도에 묻힌 조선 혼」, 1998.8.31.
- (재인용) 김정미씨가 장달웅씨를 면담한 채록. 1998, 8

· 胡蘇萍 張一平 著『海南近現代社会圖史』, 人民出版社, 2018. 9, 314
· 趙志賢 整理,「日軍侵占昌江及其暴行」,『鐵蹄下的腥風血雨』, 海南出版社, 1995, 733
· 潘先火骨,「日军侵陵水实暴要」,『鐵蹄下的腥風血雨』, 海南出版社, 1995, 455
· 金勝一,「중국 海南島에 강제연행된 한국인 귀환문제-조선 보국대를 중심으로」,『한국근현대사연구』, 2003.
· MBC뉴스「日강제 징용 학살 증거, 사라진 해남도 징용 유골」, 2012. 11. 23
· 王世重等4名口述, 张应勇整理,「日军在南林乡的罪行实录」,『鐵蹄下的腥風血雨』, 海南出版社, 1995. 538
· 羊杰臣,「日軍侵占崖縣及其暴行紀實」,『鐵蹄下的腥風血雨』, 1995 412
· 사토쇼진,「중국 해남도 '조선촌'이 증언하는 일제의 만행」,『경향신문』, 2010. 7. 11
9. 현장 감독 장달웅씨의 제보
· 金靜美,「일본점령하 중국 海南島에서의 강제노동」,『근현대 한일관계와 재일동포』, 서울대학교 출판부, 1999, 230
· KBS다큐멘터리, 송용운씨의 증언.「해남도에 묻힌 조선 혼」, 1998. 8. 31.
10. 기슈광산의 진실을 밝히는 모임'
· 羊杰臣,「日軍侵占崖縣及其暴行紀實」,『鐵蹄下的腥風血雨』, 海南出版社, 1995, 414-418
· 孫惠公,「接見日本」和平之船'訪華團講話」,『鐵蹄下的腥風血雨』, 海南出版社, 1995, 422
· 사토쇼진,「중국 해남도 '조선촌'이 증언하는 일제의 만행」,『경향신문』, 2010. 7. 11
11. 생존자 증언
· 이영찬, 고복남 옹 [인터뷰] 하이난섬 학살 현장을 말하다『코나스넷』 2012. 4.1
· 이세형,「일제 '하이난섬 학살사건' 생존자 여차봉 옹」,『동아일보』 2007. 4. 27
· 하이난천인갱희생자추모회, 충북대 유해 발굴센터에서 발굴한 유해 사진.

4부 1.링수이 위안소
· 張應勇,「日軍爲修建後石軍用機場製造的血案」,『鐵蹄下的腥風血雨』, 海南出版社, 1995, 507-509
· 張應勇,「日軍"戰地後勤服務隊"中的黎族婦女」,『鐵蹄下的腥風血雨』, 海南出版社, 1995, 547
· 蘇智良·侯桂芳·胡南英著,『日本對海南的侵略及其暴行』, 上海辭書出版社, 2005. 5.
· 羊杰臣,「崖縣侵瓊日軍"慰安所"調査」,『鐵蹄下的腥風血雨』, 海南出版社, 1995. 440-441
· 신영숙, 유해정, 김미정,「해남도 일본군 '성노예' 실태 조사 연구 보고」,『여성연구논총』 17집, 72.
· 대일항쟁기강제동원피해조사및국외강제동원희생자등지원위원회,『해남도로 연행된 조선인 성노예에 대한 진상조사』, 2011. 7.
2. 스루 위안소
· 蘇智良·侯桂芳·胡南英著,『日本對海南的侵略及其暴行』, 上海辭書出版社, 2005. 5.
· 羊杰臣,「崖縣侵瓊日軍"慰安所"調査」,『鐵蹄下的腥風血雨』, 海南出版社, 1995. 440-441
3. 푸순에서 위안부가 되다
· 신영숙, 유해정, 김미정,「해남도 일본군 '성노예' 실태 조사 연구 보고」,『여성연구논총 제17집』, 2002. 81
· 何十甲,「三白"慰安婦"慘事泰半」—石碌鑛鐵"慰安婦"調査實錄」,『鐵蹄下的腥風血雨』, 海南出版社, 1995, 748-750
· 朴來順口述, 張應勇整理, 我被騙迫當日軍"慰安婦"的經歷」,『鐵蹄下的腥風血雨』, 海南出版社, 1995, 553-559.
5. 박래순이 위안부 생애를 진술하다.
· 張應勇,「我被骗逼当日军"慰安妇"的经历」,『铁蹄下的腥風血雨』, 海口海南出版社, 1995, 553-556.
· 신영숙, 유해정, 김미정,「해남도 일본군 '성노예' 실태 조사 연구 보고」,『여성연구논총 제17집』, 2002. 72

『日本侵占崖縣及基暴行記實 *일본의 애현 침략 및 폭행 기록』

『鐵蹄下的腥風血雨 *철발굴 아래 피바람』

『人間地獄 虎口餘生 *인간이 겪는 지옥 같은 상황에서 호랑이의 입에서 살아남다』

『田獨萬人坑 *톈두 만인갱』

『日軍人侵保定縣始末 *일본군의 보정현 침략 경위』

『日軍在陵水縣烏牙峒暴行實錄 *일본군의 우야동 폭행 실록』

『日本占領下的海南島經濟與社會 *일본이 점령한 하이난 경제와 사회』

『— 妙山村大屠殺記實 *먀오산촌 대학살 사실 기록』

분향소의 빛바랜 액자 속 태극기는 잊지 못할 고통의 역사를 품고 있다.

The Taegeukgi in a frame at the memorial altar holds an unforgettable history of pain.

挂在迎樂齊墙上的太极旗照片，蕴藏着一段令人难忘的痛苦历史。

폐기물과 방치되어 있는 현장 2018

The site neglected with waste.

与废物废弃的千人坑现场。

Hainan Thousand People Pit

유골함에 담겨있는 유해는 60여년간 땅 속에 묻혀 있었다.

Remains in urn was lying in the ground for 60 years.

骨灰盒里的遗骸被埋在地下60多年。

아직도 찾지 못한 유해가 묻혀 있는 땅.

Land where the remains still not found are buried.

埋藏着尚未发掘的遗骸的土地。

海南千人坑 *A Story of 1939-1945*

Hainan Thousand People Pit

海南千人坑 *A Story of 1939-1945*